忠著

埃及物語

古埃及莎草紙畫其實很有戲

Ancient Egypt & Papyrus Paintings Art

自序

2022年，埃及學誕生二百週年，圖坦卡門陵墓發現一百週年。

2021年4月3日，埃及史無前例地舉辦了盛大的法老大遊行活動（The Pharaohs' Golden Parade），而歲末之際也重啟了路克索神廟前的人面獅身大道，要讓古代節慶（Opet Festival）榮光重現。諸多盛事不僅吸引全球遊客的目光，更讓早已不敷使用的埃及開羅博物館，得以將多位法老木乃伊順利遷往埃及文明國家博物館，同時也預祝位於吉薩金字塔群旁——全世界最大的考古博物館——大埃及博物館（The Grand Egyptian Museum）即將盛大開幕。

古埃及人與兩河流域民族，都是很早即發明文字並擺脫蒙昧邁入文明的佼佼者。與蘇美文明的泥板楔形文字不同，古埃及人的文字主要載體之一，是運用當地植物「紙莎草」製成的「莎草紙」（或稱「紙草」），曾在環東地中海等地區使用很長一段時間，而「莎草紙」Papyrus，也是英語「紙」Paper的可能詞源之一。

時至今日，紙上已不復見滿篇天書般的古文字內容，取而代之的則是將古埃及神廟及陵墓的壁畫與浮雕臨摹仿製等圖畫式的現代藝術呈現。「莎草紙畫」往往畫風新穎、落落大方且質量精美，裱框裝飾後濃郁「埃及風」的異國情調，確實能讓愛好此類藝術者之廳堂增色不少，故每每成為赴埃及旅遊的遊客必買禮品選項之一。

筆者自從首次到埃及旅遊後，除了熱愛古埃及文化外，更深受莎草紙畫的藝術價值所吸引，進而逐步收藏，之後更萌生分享與推廣莎草紙畫藝術的念頭。

然而，若欲分享莎草紙畫故事，讓更多夥伴領略古埃及之美，自然應對畫中所表達的文化意涵有更深入之瞭解，但鑒於失落的古埃及文明其文字書寫經驗迄今已逾五千年，除了文化底蘊深度與知識體的存量鉅大（埃及學研究史上多的是皓首窮經奉獻一輩子都樂在其中的前輩們）外，更因古埃及文字是少數埃及學家外幾乎無人交流使用的死文字，緣此，在在增添我們親近古埃及文明的難度。不過，也正因為她的神秘與獨特的吸引力，特別是不時就有「外星人議題」熱鬧參與，所以，古埃及始終也是世界上擁有最多業餘粉絲的研究領地。

筆者工作之餘向來喜愛歷史考古與深度旅遊，十餘年前也曾學習潛水並兼任中華水下考古學會法制研究工作，經歷了臺灣水下考古暨水下文化資產保存發展的濫觴期，後來雖然未繼續深耕這個領域，但卻也持續擔任博物館的假日解說導覽志工多年，不過，筆者畢竟並非埃及學家，要挑戰古埃及這個大神級的至尊聖境，還真的是有點不自量力，但既然是為了純粹興趣而研究埃及學，那就「以有涯隨無涯」吧！

本書以自藏的莎草紙畫出發，輔以自己對於古埃及文化的觀察側寫，分別以《圖坦卡門的華麗轉身》、《拉美西斯二世的帝國霸業》、《埃及艷后的愛恨情仇》、《阿肯那頓的壯志未酬》、《埃及冥界的通關指南》、《古埃及人的極樂世界》、《古埃及文學故事簡介》、《古埃及文物世界博物館巡禮》、《古埃及文物外展精品點描》、《古埃及與中國》、《古埃及與水下考古》、《古埃及與靈魂轉世？》、《古埃及的諷刺情色》、《古埃及的穿越形象》…等篇章介紹之。

在整理古埃及資訊時，筆者參閱大量中外文的專業書籍與論文，也藉此一隅向這些前輩專家學者致敬與致謝。惟不敢掠人之美，若有引用，書末均列有附註，讀者可以延伸閱讀，但若有疏漏仍請見諒。

此外，為了讓大家更易於參考對照，除了提供自己拍攝的相片外，亦特別選用部分公衆領域版權授權（Public Domain ／ CC0）較為相近的相片，在此也特別感謝美國紐約大都會博物館、克利夫蘭藝術博物館及 Wikimedia Commons（維基共享資源）、專業網站 https://pharaoh.se 所釋出與提供的文物圖片與王名圈圖案。

古埃及文化博大精深，此處所述者乃滄海一粟的入門皮毛，筆者初窺門徑，願拋磚引玉，謹希望能為讀者更進一步了解古埃及文明略盡棉薄之力。當然，撰寫此書的初衷是以雅俗共賞為原則，為避免過於艱澀或學術化，敘事儘量以輕鬆筆觸為之，惟筆者畢竟學養有限，謬誤之處仍請方家不吝賜教指正。

已故劇場大師李國修先生曾藉劇作《京戲啟示錄》引述父親勉勵的一段話：「人一輩子能做好一件事情，就功德圓滿了。」

若這本通俗讀物能讓大多數讀者更喜愛古埃及文化、更懂得欣賞莎草紙畫藝術，甚至無形之中也啟發了某位未來的埃及學家，對奉行「B 級人生」哲學的筆者而言，那就是「功德圓滿」了。

本書乃筆者「入埃及記系列」研究埃及的初步心得整理，撰寫期間適逢新冠疫情，得以完稿付梓，除歸功於優品文化全體同仁的用心製作外，也要感謝內人淑華與愛女品璇、品潔協助排版校對與無怨無悔的支持，還有毛小孩波比及奇可的貼心陪伴，並特別謝謝小女品璇協助部分圖像的繪製。謹將此書獻給她們。

取之於社會，用之於社會，本書版稅亦將回饋公益。期待疫情早日結束，願大家平安喜樂、健康順心。感恩。

是為序。

藺明忠 2022

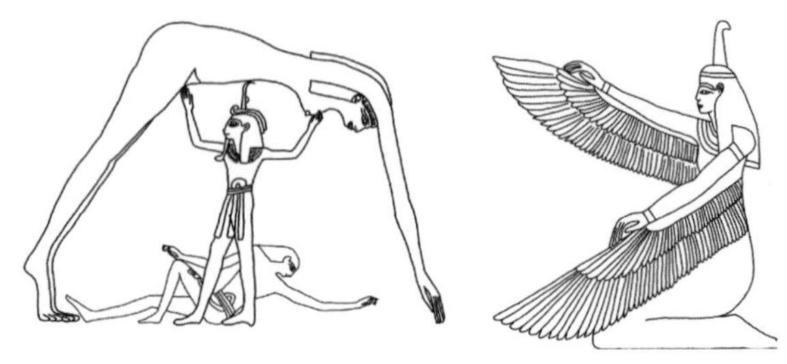

楔子

千年謎團狂想曲

在底比斯的寢宮中，

圖坦卡門與王后安赫塞娜蒙，兩人面面相覷，驚恐的神色佈滿臉龐。

「夫君此行最好做好防範的準備…」，安赫塞娜蒙打破沉默。

圖坦卡門滿臉不悅地道：「所有權力都是他一把抓了，還想怎樣？」

接著圖坦卡門一臉狐疑地問：「有聽到什麼消息嗎？」

愁容滿面的安赫塞娜蒙欲言又止…

圖坦卡門問道：「霍倫希布將軍有可能倒戈站在我這一邊嗎？」

安赫塞娜蒙搖搖頭，抬頭望著牆上的阿蒙神像。

圖坦卡門提醒安赫塞娜蒙：「萬一，最後一條生路…」，他意有所指地將手指向東北方向。

圖坦卡門正色道：「我去去就回，別擔心。」轉身走出寢宮，與隨扈一起走向議政大廳。

「諸事小心」等語還沒來得及說出口，深愛著圖坦卡門的安赫塞娜蒙，望著夫君的背影。

有點不捨又有些牽掛，似乎有種不祥的預感…。

三千三百年後…

卡納馮勛爵問道：看見了什麼嗎？

卡特回答：看見了，太美妙了！

目錄

圖 1：圖坦卡門黃金面具 莎草紙畫 – 作者自藏

第一章　圖坦卡門的華麗轉身

圖坦卡門陵墓的重見天日

圖坦卡門的黃金面具，這應該是世人最熟悉的古埃及法老面孔了。

圖坦卡門（或圖坦哈蒙／圖坦阿蒙／圖坦卡蒙／圖唐卡蒙），是古埃及新王國時期第十八王朝法老王，在位期間大約為西元前 1332 年至 1323 年間（約 8-9 歲即位，約 18-20 歲身故），其陵墓於西元 1922 年被發現，為帝王谷第 62 號陵墓（KV 62）。

圖坦卡門陵墓的發掘，現在被譽為二十世紀最偉大的考古發現之一，因為它是少數保存完整且幾乎未曾被破壞的埃及陵墓。光是圖坦卡門陵墓出土的文物，目前就已經占滿開羅埃及博物館二樓絕大部分空間（這還不含久居庫房者），足見其寶藏數量之可觀。

不過，在二十世紀初，大家可是對於發掘圖坦卡門陵墓沒有多大興趣呢！

何以原本眾人對圖坦卡門陵墓興趣缺缺呢？因為十九世紀時帝王谷有價值的陵墓似乎都已被發掘殆盡了。

首先，曾搬運拉美西斯二世大雕像回英國、並曾發掘拉美西斯一世、塞提一世等著名陵墓的義籍探險家貝爾佐尼（Glovanni Belzoni）曾表示，帝王谷裡再也沒有其他值得發掘的古墓了。而知名埃及學家德國的萊普修斯（Richard Lepsius）、埃及文物管理官員馬斯皮羅（Gaston Maspero）也都認為帝王谷這區域已挖掘乾淨，再也挖不出什麼東東了…。

圖 2：路克索西岸帝王谷一隅 – 作者自攝

其次，關於圖坦卡門的記載有限，不僅重要歷史文獻未曾提及，且揆諸埃及祖先王表也缺乏記錄，只有曾發掘過圖特摩斯四世、女法老哈特謝普蘇特等陵墓的美國老富商戴維斯（Theodore Davis）有發現少數陶杯、印章…等，其上似乎有圖坦卡門名諱的些許蹤跡，甚至戴老還曾經誤判並斷定某座小墓便是圖坦卡門的陵墓。所以大家據此推論圖坦卡門想必是無啥功績的法老，其陵墓價值勢必也沒有什麼過人之處。

緣此，戴維斯最終結束了長達多年的帝王谷挖掘規劃，並將挖掘特權轉讓給到埃及養傷的英國富二代卡納馮勛爵（Lord Carnarvon）及霍華德卡特（Howard Carter）的考古團隊。

然而，經過數年的挖掘，團隊仍然一無所獲，連卡納馮勛爵也逐漸失去了耐心，他向卡特表明，只願再支付一季費用，如果屆時還是沒有重大發現，就要終止雙方合作。

圖 3：圖坦卡門陵墓文物 埃及開羅博物館 – 作者自攝

皇天不負苦心人，下了軍令狀的卡特其直覺與堅持最後被證明是對的，他持續鎖定帝王谷中拉美西斯二世（KV7）、美楞普塔（KV8）、拉美西斯六世（KV9）陵墓間的三角區塊，於 1922 年間終於有了革命性的成果。

圖 4：圖坦卡門陵墓文物 埃及開羅博物館 – 作者自攝

年輕法老圖坦卡門的陵墓終於被發現了。在這個偉大發現剎那瞬間，時空凝結逾三千多年。

個人認為最精彩的便是卡特透過微弱燈光窺探時與卡納馮的對話，就在此刻，

卡納馮勛爵迫不急待地問道：看見了什麼嗎？

卡特回答：看見了，太美妙了！

事後卡特也回憶：我們在燭光下所看到的，將是考古史上空前的景象…。(1)

← 圖 5（左）：發掘圖坦卡門陵墓
圖片來源 Wikimedia Commons
Public Domain
← 圖 6（右）：圖坦卡門面具
圖片來源 Wikimedia Commons
Public Domain

圖 7：圖坦卡門與安赫塞娜蒙 莎草紙畫－作者自藏

圖坦卡門的死亡之謎

第十八王朝法老阿蒙霍特普四世即位之後，有鑒於代表埃及宗教勢力的阿蒙神祭司集團，權力已逐步威脅統治王權，二者交惡已勢如水火，遂進行極端的宗教改革，宣布國家唯一可崇拜的神為阿吞神（或稱阿頓神），不允許人民崇拜其他神祇，並沒收神廟的財產，同時自己也改名為阿肯那頓（或稱埃赫那吞），之後更將國家都城從底比斯（今路克索）北遷。

然而，驟然改革也引來既得利益者的強力反撲，同時，過於激進的變革也讓人民無所適從，無法短期內從已經根深蒂固的多神教信仰中擺脫出來，因此，這場改革似乎從一開始便註定要以失敗收場。

圖坦卡門便是在這國家社會動盪不安的氛圍中誕生。

圖 8 & 圖 9：圖坦卡門陵墓文物 埃及開羅博物館 – 作者自攝

依現在 DNA 技術判定，主流說法大多已認定圖坦卡門之生父應為阿肯那頓，而生母則學界仍有爭論。圖坦卡門出生時，原名是圖坦阿吞（或圖坦阿頓 Tut-ankh-aten），意指「阿吞神的生存形象」，何以之後會改名為圖坦卡門（Tut-ankh-amun，意指「阿蒙神的生存形象」）呢？而在祖先王表（例如阿拜多斯王名表等）中，又為何沒有圖坦卡門的名字呢？這些與他的死因是否有所關聯呢？

阿肯那頓過激的改革，不得民心也引來動亂，在天怒人怨之際，因不明原因撒手人寰，承繼的法老圖坦卡門的兄長斯門卡瑞在位時間亦甚短（此節學界仍有爭論），因而，年幼的圖坦卡門不得不匆匆即位，但他能夠力挽狂瀾嗎？

依目前的研究顯示，少年圖坦卡門雖然未被篡位，但他也沒有能夠堅定繼承父兄遺志，而是改了名字，並將首都遷回底比斯，還將一神信仰改回了多神信仰。至於這些決策是否確實出自於少年法老之手，抑或是另有被威脅逼迫的隱情，我們不得而知，總之，宮廷內的鬥爭似乎是暗潮洶湧、危機四伏。

在政局詭譎多變之際，圖坦卡門迎娶了自己同父異母的姐姐安赫塞娜蒙（Ankhesenamun）為王后，他倆情投意合，甜甜蜜蜜。如果人生就按此劇本往下發展，倒也羨煞旁人，不失為一段良緣佳話。但何以偏偏他又英年早逝，甚至死後連讓後代緬懷之祖先王表上都絲毫不見其蹤跡呢？

圖坦卡門之死，究竟是源自於自身疾病，還是另有意外，甚至於是死於謀殺呢？

我們不妨將鏡頭先轉向古埃及的鄰國西台帝國（或赫梯帝國／Hittites／Hatti），西台人是西元前2000年左右興起於小亞細亞（今土耳其）的國家，也是最早善於運用鐵器的民族，在埃及新王國時期，兩國於近東地區往往因霸主地位而爭戰不已。

近年由於西台古文獻研究成果陸續發表，我們對於兩國當時的外交與軍事情勢有了更進一步瞭解。其中，關於圖坦卡門的逝世，兩國竟有後述非常驚人的互動。

根據文獻記載，圖坦卡門死後，未亡人安赫塞娜蒙確實曾寫信差人給西台老王Suppiliumma，信中大意為：

「…我的丈夫死了，聽說您有幾個成年王子，請給我一個吧，他將成為埃及的國王…我不想嫁給屬下（或僕人）…」、「我害怕」…。(2)

西台王大為吃驚（哈！我也大吃一驚），並認為這是死對頭埃及的詭計，他決定派人先去探一下虛實，沒想到實情果真如此，鑒於聯姻對西台利大於弊，遂決定指派王子Zannanza前去迎娶安赫塞娜蒙，並承繼埃及王位，但這個倒楣的王子卻在途中暴斃，死因不明。西台王因此勃然大怒並將矛頭指向埃及…。

據研究指出，安赫塞娜蒙最後嫁給大臣阿伊（亦為圖坦卡門之繼任法老），之後就此消失在歷史灰燼中…。由於文獻對於最後關鍵發展缺乏完整記載，導致當時整個事件疑雲重重。

在宗教改革回復後，包含阿肯那頓、圖坦卡門、阿伊等人，都被後繼者（例如法老霍倫希布）啟動「除憶模式」，將他們從古埃及的歷代王名表中「除名」。

圖 10：圖坦卡門陵墓文物 埃及開羅博物館 – 作者自攝

那麼圖坦卡門究竟是死於疾病、意外，還是在宮廷動亂中被謀殺了呢？

著名的圖坦卡門研究專家北京師範大學王海利教授於其著作《圖坦哈蒙 3000 年》中，即直指阿伊是最大嫌疑犯。(3)

近年來，知名埃及考古學家哈瓦斯（Zahi Hawass）的研究團隊，藉由最新醫學檢測技術，推論圖坦卡門是因骨折導致感染而死，更有研究認為他絕非只是傀儡法老…等等。不過，這些已是定論了嗎？恐怕還有得吵吧！

您認為是哪一種死因呢？

圖坦卡門主要被推測的可能死因

可能死因	相關佐證與推論
肺結核說	病理學教授說法與木乃伊肺部切片
意外致胸部重創說	古戰車翻車意外與木乃伊胸部毀損痕跡
意外致腿部重創併發感染說	因近親通婚致產生足部先天畸形等遺傳疾病，長年為此先天缺陷所苦，加上曾多次感染瘧疾導致免疫力降低、嗣因意外或癲癇至腿部開放性骨折併發感染。木乃伊斷層掃描鑑定與 DNA 等綜合醫療分析
其他說	得痲瘋病或被蛇咬死或遭下毒說…，較無相關佐證，純屬推測
被謀殺說	木乃伊後腦重擊痕跡 X 光片與西台古文獻

圖 11：圖坦卡門與安赫塞娜蒙 莎草紙畫 – 作者自藏

法老的詛咒？！

1923 年 4 月，卡納馮勛爵疑似因蚊蟲叮咬並在刮鬍做臉時弄破皮膚導致發燒感染，不料竟一病不起與世長辭。由於距離發掘圖坦卡門陵墓不過短短數個月，引起人們高度關注，加上後續新聞界的推波助瀾，之後更衍生出所謂「法老的詛咒」事件！

一時之間人心惶惶，彷彿圖坦卡門死後陰魂不散，對曾經驚擾它安眠的人逐步展開報復行動…。

據好事者謂，考古學家在圖坦卡門陵墓中曾發現了法老的詛咒碑文，其上寫道：「誰要是打擾法老的安寧，死亡之翼就會降臨在他身上」等語。

真有這段銘文嗎？還是根本是以訛傳訛危言聳聽呢？當時報紙更紛紛報導「詛咒又害死了一位」、「第幾個被害了」…等驚悚標題內容。

真有法老詛咒嗎？

例示部份被報導者	身分／與陵墓之關聯	據報死因
卡納馮勛爵	陵墓發掘主要贊助人	蚊蟲叮咬　感染身亡
梅斯 A.C.Mace	考古學家	帶病工作　積勞病故 一說腦炎
顧爾德 George Jay-Gould	卡納馮友人 參觀陵墓	發燒　可能死於鼠疫
伍爾夫 Joel Woolf	企業家　參觀陵墓	死因不明 一說淹死　一說槍殺
道格拉斯 Douglas-Reid	檢測木乃伊	罕見疾病
盧卡斯 A. Lucas	檢測木乃伊	心臟病
卡納馮勛爵夫人	贊助人之親屬	昆蟲叮咬　死因不明
貝瑟爾 Richard Bethel	考古學家卡特之秘書	心肌梗塞　一說悶死
貝瑟爾之父親	工作人員之親屬	聽到兒子去世消息 跳樓身亡
不知名兒童	完全不相關	貝瑟爾父親送葬途中車禍
卡特（美國）	完全不相關	同名人士死亡　被烏龍報導

部份傳言更謂：

▽卡特所養的金絲雀鳥被眼鏡蛇咬死。

▽卡納馮勛爵死亡為凌晨二時，恰巧開羅當時發生大停電。

▽圖坦卡門木乃伊臉上有處傷痕，與卡納馮被蚊子叮咬處吻合。

…諸如此類，不一而足。

圖 12：圖坦卡門陵墓文物 埃及開羅博物館 – 作者自攝

幾個問題要釐清：

1. 古埃及陵墓中有無所謂的詛咒？
2. 真有法老的詛咒嗎？
3. 圖坦卡門陵墓中有發現詛咒嗎？
4. 若以上都有，那麼這些詛咒靈驗嗎？
5. 若無，那自卡納馮勛爵死亡後的一連串事件，是巧合還是另有其他原因？

首先，據天津南開大學埃及學教授徐詩薇老師的研究指出，古埃及陵墓中確實曾有些記載「威脅格式」的碑文或銘文存在。

例如記載「如果有人以不淨之身踏入陵墓」、「如果有人偷拿我陵墓的石頭」、「如果有人破壞我的屍體」、「他的生命將不再被繼續」、「我將會掐住他的脖子就像掐住一隻鳥一樣」、「他將會因飢餓和口渴而死亡」…，目的明顯應該是要警告與嚇阻盜墓者。不過，這些威脅格式碑文，大多只出現在私人陵墓中，至於皇室或法老王墓室中則鮮少發現有類似說法。(4)

其次，雖然前述圖坦卡門詛咒碑文等各種說法流傳的沸沸揚揚，但始終沒有人發現或保存這份碑銘原件，顯見其存在與否仍大有疑問，緣此，圖坦卡門陵墓，迄今並未發現詛咒的相關內容，這點應是可以肯定的。

再者，若歷來古埃及法老王各項詛咒真的存在，那顯然也不怎麼靈驗，否則，眾多古埃及皇室與私人陵墓，也不會讓盜墓賊一再得逞了。

圖 13：圖坦卡門陵墓入口 – 作者自攝

圖 14：圖坦卡門陵墓文物 埃及開羅博物館 – 作者自攝

假設並無任何詛咒，那麼自卡納馮勛爵死亡後的一連串事件，究竟是巧合還是另有其他原因？

據研究指出，雖然媒體報導部份人員之死亡，與圖坦卡門詛咒有關，但最最應該被詛咒身亡的卡特卻安然無恙，一直活到十七年後 (1939 年)。此外，這些身故之人，要不就是本身身體狀況欠佳 (近年學者亦謂塵封多年的墓室中確實可能存在有害氣體及增添滋生病菌的機會，對免疫力較差的人恐有影響)，要不就是媒體對部分意外事故牽強附會，先射箭再畫靶。

所以，所謂法老王的詛咒，早已被學界認定純屬謠言。

假新聞假消息的傳播並非始自今日，謠言以訛傳訛自古即有。

但何以這些謠言會被如此渲染，推測可能有幾種主要原因：

其一，或許真有部份難以解釋的巧合。

其二，大眾的預期心理作用 (總該發生點事情吧！)。

其三，媒體加油添醋的報導，甚至是「報導權之爭」下的產物。(關於這點，有興趣者也可參閱前美國紐約大都會博物館館長 Thomas Hoving 的著作〈Tutankhamun : The Untold Story〉(中譯本《圖坦哈蒙： 不為人知的故事》，王海利教授翻譯)

圖 15 & 16：圖坦卡門安卡飾物及阿努比斯 莎草紙畫－作者自藏

圖坦卡門的寶藏二三事

三千多年前，一名處在宗教變革中的少年法老，在謎樣般的故事中華麗轉身，雖黯然走下歷史舞臺，但後世的考古發掘則再次賦予他全新的生命…。

圖坦卡門的生平並不特別，也沒有豐功偉業供後人憑弔，若論陵墓規模，更遠遠不及其他更富盛名的法老，但光是他的出土文物，便足以占滿埃及開羅博物館二樓近四分之三(這還不包含久居庫房的呢)的場域，顯見古埃及物質文明之可觀。

圖 17：圖坦卡門陵墓文物 埃及開羅博物館 – 作者自攝

不過，若真要論圖坦卡門陵墓哪一樣寶藏最富價值，個人認為應該是人形棺上最不起眼的那束花(有研究推論應是矢車菊)了，或許當年安赫塞娜蒙也曾梨花帶雨、滿滿淚水溼潤了花朵、哭得像淚人兒…。

有關圖坦卡門寶藏的介紹，書籍汗牛充棟，茲暫不贅述，限於篇幅，謹就部份文物內容所載聖書體文字，節錄片段並試譯與大家分享。

(編按:「聖書體」Hieroglyph即為一般人俗稱的古埃及象形文字，既不像「僧侶體/神官體/祭司體」Hieratic或「世俗體」Demotic因太簡化而艱澀難懂，其形態也深富藝術價值，多多展現之，相信可讓讀者更能領略古埃及文字之美，所以筆者在後文會陸續例示部分聖書體字，但為避免過於學術化，恕未附上天書般的「拉丁轉寫 Transliteration」資訊。另外關於本書聖書體字的呈現，筆者採用最傳統的Gardiner's Sign List加汀納符號表【圖案來源:CC BY-SA 3.0，資料無更改，https://en.wikipedia.org/wiki/Gardiner%27s_sign_list】，而非其他更為先進花俏美觀的輸入字型，雖然有時會覺得「缺少疊字連體」似乎「字不成字」，但卻也別有一番古樸風味，而且我的著眼點在於「每個獨立字符的創意之美」，因為這些「貓頭鷹」、「斷手斷腳」…等從大自然生態觀察所得而創造出來的字符，正是古埃及人的智慧結晶。至於試譯部分，筆者並非埃及學家亦非語言專家，學養有限，若有謬誤或疏漏之處，仍請海涵與指正。)

△蓮花杯(Alabaster Chalice 雪花石膏杯/祝酒杯/許願杯)杯沿

願法老(荷魯斯，即王權象徵，指圖坦卡門)他能被賜與美好生命，像強壯的公牛一樣，

兩女神啊！法老的政令與秩序完善，他平定與治理了兩土地(指上下埃及)，

金荷魯斯啊！法老頭戴王冠，他令眾神都滿意，

上下埃及之王，兩土地的主宰，法老(圖坦卡門的登基名)被賜與生命。

圖 18：圖坦卡門陵墓文物 埃及開羅博物館 – 作者自攝

△黃金面具肩部及背部

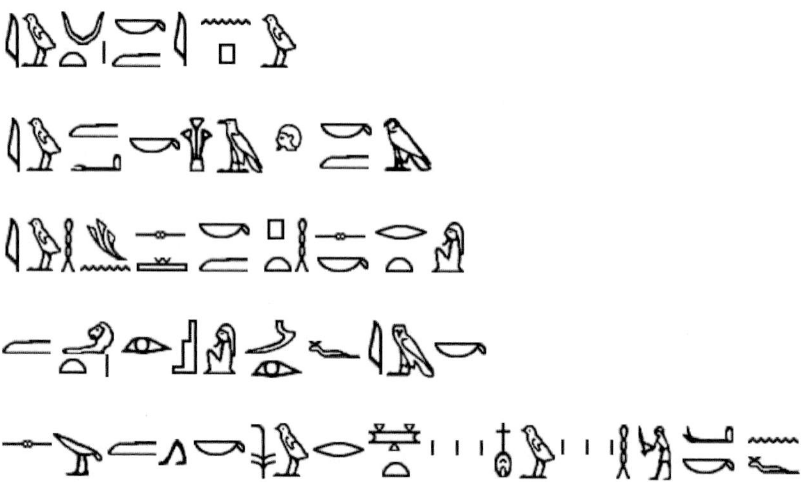

你的前額（頭蓋骨）是阿努比斯神，

你的頭背（後腦杓）是荷魯斯神，

你的頭髮是普塔索卡爾（Ptah-Sokar）神，

藉由你的眼，奧西里斯神在面前，

願能指引走向康莊大道。

△安卡外型鏡盒 (Ankh-shaped Mirror Case)

願善神生活美好，就像拉神、阿圖姆神的子孫，

上下埃及之王，兩土地的主宰，法老 (圖坦卡門的登基名)

拉神之子 (圖坦卡門的出生名) 被賜與生命。(5)

圖 19：圖坦卡門陵墓文物 埃及開羅博物館 – 作者自攝

圖 20：圖坦卡門駕駛古戰車 莎草紙畫 – 作者自藏

圖 21：圖坦卡門與安赫塞娜蒙 莎草紙畫 – 作者自藏

圖 22：埃及記述 Description de l'Égypte 片段
圖片來源 Wikimedia Commons Public Domain

第二章　拉美西斯二世的帝國霸業

拉美西斯大帝與奈菲爾塔莉

拉美西斯二世與圖坦卡門，應該是大家最熟知的古埃及法老了，然而，若要論豐功偉業，生存年代稍早的小圖當然還是遠遜於拉老了，因為他可是被譽為古代亞歷山大的「拉美西斯大帝」。

若到埃及旅遊，除了眾所周知的卡納克神廟、路克索神廟，阿布辛貝神廟…等著名旅遊景點，其拉美西斯二世的巨像或浮雕到處都是外，埃及全境舉凡你認不出來的各類型法老形象，十有八九便是拉美西斯二世。理由只有一個，那就是拉美西斯二世確實戰功彪炳，而且也善於大內宣與大外宣。

拉美西斯二世是新王國第十九王朝著名法老塞提一世之子 (第十九及二十王朝有一卡車以拉美西斯為名的法老，此處的拉美西斯二世是第二個以拉美西斯為名者，所以拉美西斯一世不是他爸，而拉美西斯三世也不是他兒子)。

拉美西斯二世年少時便已嶄露軍事才華，輔佐其父東征西討，締造了古埃及帝國盛世。在阿拜多斯塞提一世神廟中，我們也可以看到在祖先大廳，塞提一世領著拉美西斯二世向眾位埃及先輩的祭祀場面 (此即為著名的阿拜多斯王表)，想必塞提一世對於自己的功績頗為自豪，而對其子的期許自然也是不在話下。

圖 23：阿布辛貝神殿群 奈菲爾塔莉小神廟 – 作者自攝

當然，即便其所開拓的疆域並非最大(第十八王朝法老圖特摩斯三世曾締造埃及最大版圖)，英勇善戰的拉美西斯二世也的確不負所望，不過，好大喜功的他卻更熱衷於在全埃及大興土木宣傳自己的英雄事蹟，除了四處可見的宏偉建築外，還會抹去前人銘刻自己修改，目的就是要埃及子民永遠記得他的偉大，若說他是大內宣高手，一點也不為過。至於大外宣他也不惶多讓，例如阿布辛貝神廟巨像就是用來威懾南方的努比亞人，讓每一位入境的異族瞻仰而心生畏懼，並進而臣服膜拜。

圖 24：方尖碑 卡納克神廟 – 作者自攝

圖 25：多柱廳 卡納克神廟 – 作者自攝

拉美西斯二世還有一個天賦異稟之處，就是除了長壽，更是精力旺盛，據悉除嬪妃無數外更有近兩百個兒子及女兒。然而，研究者也認為，拉老的長壽多子與連年征戰，非但沒為埃及國勢帶來好運，反而讓埃及國力自此由盛轉衰 (拉老的過於長壽，讓其諸子根本來不及等到王位就紛紛死去，或是等到要繼承王位時卻已垂垂老矣，此節與古王國末代法老佩皮二世頗為類似)。

「千古一帝」拉美西斯二世的木乃伊，是每位到過開羅博物館必看的「文物」，而拉美西斯二世之墓 (KV 7)，由於早年即被盜墓，加上洪水侵襲，損壞嚴重，反倒是其諸子之墓 (KV 5) 近年更吸引著考古學家的研究目光。

若論拉美西斯二世最心愛的女人，奈菲爾塔莉 (妮菲塔莉 / 妮弗塔莉 Nefertari) 當之無愧，他為她在阿布辛貝建了一座小神廟，而她死後葬於路克索西岸皇后谷之墓 (QV 66)，更擁有世上最最美麗的墓室壁畫。

1904 年當 Ernesto Schiaparelli 發現 QV 66 時，便已讓世人驚艷，因為其壁畫栩栩如生，構圖精美且色澤完美，彷彿昨日才剛剛繪畢，實難想像這是三千多年前的畫作。雖嗣經知名維護機構 The Getty Conservation Institute 修復，但為保護得宜仍需時開時關與管控參觀人數。

QV 66 奈菲爾塔莉之墓，美艷絕倫，若您喜愛古埃及藝術，它絕對是您一生必看的壁畫。

圖 26：奈菲爾塔莉墓室壁畫 Nina de Garis Davies 複製畫作 – 圖片來源 美國紐約大都會博物館 Public Domain

圖 27：拉美西斯二世駕駛古戰車 莎草紙畫 – 作者自藏

圖 28：奈菲爾塔莉與眾神 莎草紙畫 – 作者自藏

卡疊什戰役及古埃及與西台帝國的和平條約

卡疊什戰役 (Battle of Kadesh 卡疊石 / 卡迭石 / 夸代什) 是古代世界著名的戰役之一，關係著當時西亞、北非等環東地中海強國的軍事均衡勢力消長。

古代卡疊什位於今日敘利亞大馬士革東北，一直以來便是兵家必爭之地，第十八王朝法老圖特摩斯三世 (被譽為「古代世界的拿破崙」)，便曾於西元前 1483 年在麥吉多 (Megiddo) 擊潰以卡疊什為首的多國聯軍，奠定埃及在敘利亞及巴勒斯坦地區的統治，但之後隨著位於今日土耳其的西台帝國勢力逐漸強大，近東盟主的爭奪大戰一觸即發。

圖 29：卡納克神廟一隅 – 作者自攝

西元前 1274 年，拉美西斯二世率領數千輛古戰車及數萬名士兵，分別以「阿蒙」、「拉」、「普塔」、「塞特」(一說索卡爾) 等埃及諸神靈名稱組成多路兵團，與西台國王穆瓦塔盧二世 (Muwatalli II) 所領大軍，在卡疊什正面交鋒，決一死戰。

過於自信的拉美西斯二世誤信假情報而陷入重圍，幸虧之後埃及援軍相助而最終突圍，有趣的是，實際上未明顯分出勝負的雙方，回國後均向自己的子民大內宣，表明自己才是勝利的一方，拉美西斯二世更是在諸多神廟將戰果刻好刻滿。

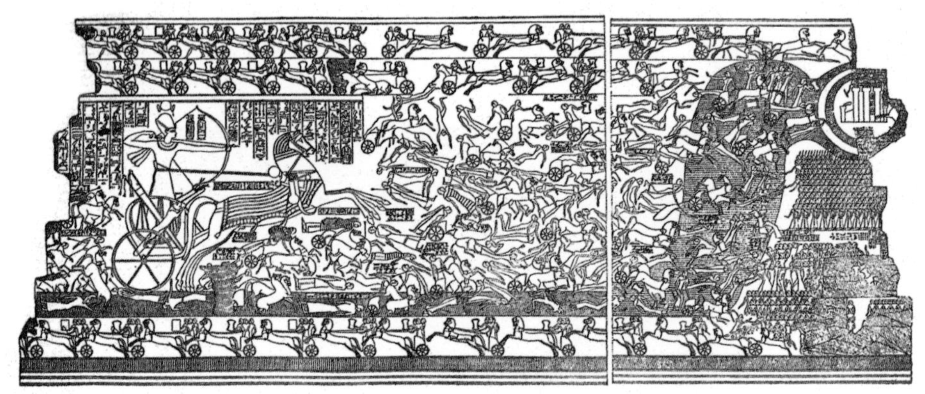

BATTLE SCENE FROM THE GREAT KADESH RELIEFS OF RAMSES II ON THE WALLS OF THE RAMESSEUM.

圖 30：卡疊什之役 James Henry Breasted 所藏線描圖 – 圖片來源 Wikimedia Commons Public Domain

茲參照上海大學埃及學教授郭丹彤老師在《古代近東文明文獻讀本》中對卡疊什戰役銘文的譯文，我們或許可以一窺當時戰況的激烈與拉美西斯二世「一夫當關的神勇」。

「…我孤身犯險，即使我的步兵與戰車兵都離我而去，無人回頭，我仍然殲滅了敵人。我像聖獸般地追趕他們，…我就像我所說的那樣身先士卒，千真萬確。」[6]

勢均力敵的兩國，在久戰未果下兩敗俱傷，加上新興威脅環伺在側，為避免腹背受敵，埃及與西台開始回頭重修舊好，以政治聯姻結合，在西元前 1259 年，雙方更締結了人類歷史上第一個和平條約 (即「銀板和約」Egyptian–Hittite peace treaty/Silver Treaty/Treaty of Kadesh)。

銀板和約締結的雙方，是埃及的拉美西斯二世與西台的哈圖西里斯三世 (Hattusilis III)，和約是由當時國際通用語言阿卡德語楔形文字 (Akkadien) 撰寫，黏土製的抄本留在西台，埃及譯本則另寫在莎草紙上，之後則有神廟銘刻之。

圖 31：多柱廳 卡納克神廟 – 作者自攝

西台帝國的合約版本殘片，被發現後目前保存在土耳其伊斯坦堡考古博物館 (Istanbul Archaeological Museums) 等處，編號 10403/6549/6674，而埃及版本則在卡納克神廟第一廣場與列柱大廳間的牆上，據悉還有一個現代複製版則被置於紐約聯合國總部。

在兩國神靈見證下 (The Divine Witnesses to the Treaty)，雙方約定永久和好、互不侵犯、引渡人犯、軍事互助同盟…等條款。例示如次：

Mutual Renunciation of Invasion：

The Great Prince of Hatti shall not trespass against the land of Egypt forever, to take anything from it. And the great ruler of Egypt, shall not trespass against the land of Hatti, to take from it forever. [7]

條約確實為兩國帶來短暫和解，但卻不能帶來永久太平。

西台帝國在稍後席捲東地中海沿岸的海上民族(Sea People)侵略後旋即滅亡，走入歷史，而拉美西斯二世之後的埃及，也漸漸跟不上文明前進的腳步，由盛轉衰，再也不復昔日的榮光。

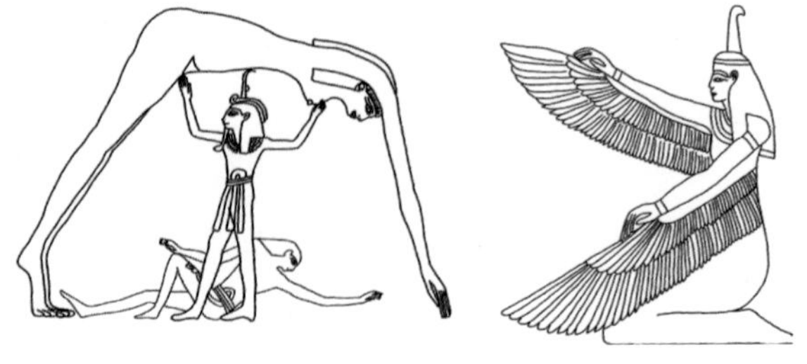

圖 32：塞提一世與眾神 莎草紙畫 – 作者自藏

阿布辛貝神廟群之重建、聖經考古與出埃及記

阿布辛貝神廟群 (阿布辛貝勒 /Abu Simbel)，是每位到訪埃及旅遊時必到的知名景點，也是拉美西斯二世除了卡納克神廟、路克索神廟…等參與建造之傑作外，獨自完成的建築里程碑。

相傳拉美西斯二世當年耗費近二十年，才將一座石山開鑿成今日神殿巍峨樣貌，每一個努比亞人自埃及南方瀑布群沿尼羅河北上時，莫不震懾於其之雄大宏偉。

阿布辛貝大神廟前的四尊拉美西斯二世巨像，約高 21 公尺，背倚約高 32 公尺，底部約寬 38 公尺，除左邊第二尊毀損外，其餘均保存的十分完好。神廟內部牆壁則到處刻滿拉美西斯二世供奉神靈與包含卡疊什戰役等各項英勇的戰爭事蹟，最內側的神龕則供奉有普塔神、阿蒙－拉神、拉－赫拉克提神及神格化後的拉美西斯二世。

圖 33：阿布辛貝大神廟－作者自攝

此外，當時建築設計人員透過精密的計算，讓神廟會在每年特定的兩日，當太陽初現時光線穿透神廟內庭，直射神龕中的三位神像，更特別的是，不會照到帶有冥神色彩的普塔神全身 (在古埃及晚期，普塔與索卡爾及奧西里斯結合)。每

到這兩天，阿布辛貝神廟群都是人聲鼎沸、寸步難行。至於促成這現象的設計，是否確定是為了紀念拉美西斯二世的出生日與登基日，學界仍沒有定論 (即便每位導遊都會如此介紹)。

圖 34：門農雕像 氾濫期間 畫作 – 圖片來源 美國俄亥俄州克利夫蘭藝術博物館 CC0

阿布辛貝小神廟，是拉美西斯二世獻給愛妻奈菲爾塔莉及女神哈托爾與伊西斯的，它或許並非埃及首座為皇后而建的神廟，卻是第一座讓皇后雕像與法老等高的神廟，可見奈菲爾塔莉在拉美西斯二世心目中無人能及的崇高地位。

圖 35：亞斯文水壩 – 作者自攝

當十九世紀阿布辛貝神廟群被人重新「發現」時，絕大部分的遺址都還埋在沙堆之中亟待清理，而二十世紀六零年代，隨著亞斯文大壩的興建規劃，阿布辛貝神廟群面臨沉沒於水中的新威脅，嗣經羅浮宮館長 Christiane Desroches Noblecourt、埃及文化部長 Sarwat Okasha 等文物界的呼籲，拯救努比亞古蹟的行動如火如荼地進行，在聯合國教科文組織 (UNESCO) 與五十多國響應與募款下，決定將阿布辛貝等神廟群拆解並遷移他址重組。此一行動總共分割了 1035 塊巨岩，耗資近八千萬美元，並於 1968 年 9 月 22 日舉行盛大的開幕典禮。

這一史無前例的偉大行動，也間接促成了〈保護世界文化和自然遺產公約 / Convention Concerning the Protection of the World Cultural and Natural Heritage〉的誕生，而這也是目前世界遺產名錄的由來。

圖 36：阿布辛貝神廟群 David Roberts 畫作 – 圖片來源 美國俄亥俄州克利夫蘭藝術博物館 CC0

拉美西斯二世之偉大，後世得以透過這些雄偉建築物來瞻仰緬懷，但對於聖經信仰的人來說，就不是這麼一回事了，因為這回拉美西斯二世成了希伯來人筆下的暴君法老。

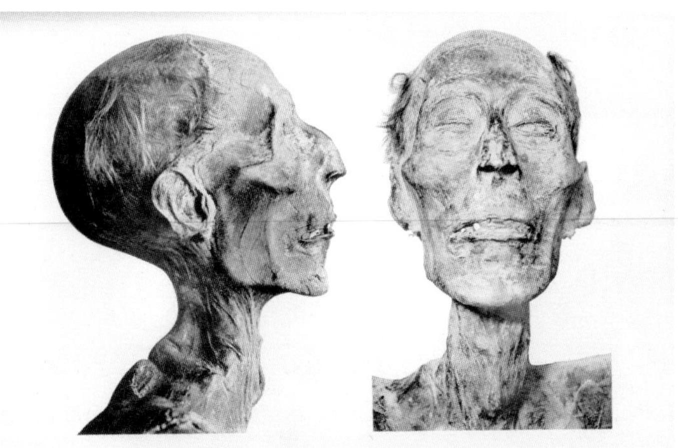

圖 37：拉美西斯二世木乃伊 – 圖片來源 Wikimedia Commons Public Domain

在舊約聖經《出埃及記 Exodus》中奴役以色列人的埃及法老，是否就是拉美西斯二世呢？

認定是拉美西斯二世的學者們，主要以出埃及記之主角摩西 (Moses) 的一神教觀念，是受到稍早發生在埃及，信仰類似一神教的法老阿肯那頓之宗教改革所影響啟蒙，此派論點目前為主流學說，後世許多流行文化，例如知名老電影〈十誡〉…等，都採納此一學說。此外，近年也有西克索人與希伯來人據有淵源關聯的論點。

當然，這些見解都尚無定論，還需要更多的「聖經考古」(Biblical Archaeology) 證據來佐證。

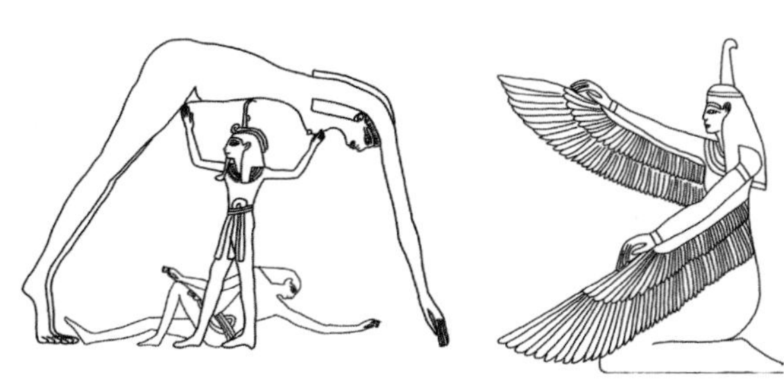

MONVMENTA PRIORIS
ANNO DOMINI MCM ABBAS

第三章　埃及豔后的愛恨情仇

克麗奧佩脫拉七世的傳奇一生

克麗奧佩脫拉七世，就是大家熟知的「埃及豔后」，也是古埃及最後一位法老王，若要論知名度，她可能遠在其他知名法老王圖坦卡門、拉美西斯二世之上，然而，實際上她並非血統純正的埃及人。

西元前 69 年，克麗奧佩脫拉七世誕生於古埃及的亞歷山大港，父親為托勒密十二世，其上還有六位同名的姊姊。當時的埃及，雖然還是以法老王銜治理國家，事實上已是馬其頓人後裔托勒密家族在統治，亦即亞歷山大大帝死後分治的希臘化時代 (Hellenistic Period)。

托勒密王朝歷經三百年興衰更迭，在克麗奧佩脫拉七世出生之際，已是夕陽遲暮，名義上雖為獨立國家，實則已為地中海新興強權——羅馬的禁臠之地，所以，出生在末代帝王家的埃及豔后，所肩負的政治責任與壓力，顯然是超乎其年齡的。

十四歲時，她被重新奪回權力的托勒密十二世指定為共治者。自從阿蒙涅姆赫特一世以來，「共治」在古埃及王朝有其傳統，而這也給予克麗奧佩脫拉七世絕佳的政治歷練契機。

不過，權力向來是難以分享的，所以當托勒密十二世辭世時，被指定與其同父異母弟弟托勒密十三世共治的埃及豔后，旋即與胞弟產生嫌隙，進而展開全面衝突。

圖 38：埃及豔后頭像
圖片來源 Wikimedia Commons Public Domain

當內部矛盾擴大之際，雙方也都各自尋求境外勢力的支持，原先克麗奧佩脫拉七世佔有優勢，但嗣後卻遭反撲而被迫流亡敘利亞，所幸之後托勒密十三世也犯了致命的錯誤——例如殺死龐培而觸怒「前三雄」之一的凱撒 (Gaius Iulius Caesar)，讓雙方勢力又再度出現恐怖平衡。

干涉他國內政過了頭的凱撒，此時來到埃及調停與仲裁兩姊弟間的爭議。這當然給了克麗奧佩脫拉七世最後一搏的機會，相傳她用毯子裹身，被當作禮物般地送到凱撒寓所，就當毛毯輕輕滑開，一位妙齡美少女就出現在當時最有權勢的凱撒大帝這位中年大叔面前。

之後的結局就盡在不言中啦，因為當球證、旁證、主辦單位都在手上，哪裡還有托勒密十三世的生存空間呢！

埃及豔后此時迎來人生最輝煌的時刻，她暫時守護住了埃及，而她的肚皮也夠爭氣，為凱撒及自己生下一子——凱撒里昂，但就當風光地被當作女皇般迎接到羅馬不久，宮廷內鬥不斷，凱撒遇刺身亡，羅馬共和內戰再起，倉皇失勢的她僅能被迫退回埃及。

圖 39：Khaemwaset & Mesyt 夏勃悌組
圖片來源 美國紐約大都會博物館 Public Domain

但政治手腕高明的克麗奧佩脫拉七世，因緣際會地再度擄獲另一位權力正值巔峰男子的心，那就是「後三雄」之一的安東尼 (Marcus Antonius)。

然而，命運似乎也捉弄了這對戀人。

在與凱撒養子屋大維 (Gaius Octavius Thurinus) 的對峙中，克麗奧佩脫拉七世與安東尼處於下風，最後在關鍵戰役——亞克興海戰 (Battle of Actium) 以失敗作收。

無路可退的埃及豔后自殺身亡，於西元前 30 年香消玉殞，結束她傳奇的一生。

為守護埃及而生的她，此次終究無法再次逆轉，古埃及也就此走入歷史，淪為羅馬帝國的行省。

圖 40：克麗奧佩脫拉七世 莎草紙畫 – 作者自藏

克麗奧佩脫拉七世與她的男人們

“VENI VIDI VICI.”，「我來，我見，我征服了！」

這句凱撒戰勝黑海小國 Pontus 時向元老院報訊的用語，卻成為後世對於這位握有羅馬共和時期最高權力的英雄最熟知的一段話。

凱撒的英雄事蹟，自不待言，其半回憶錄式的《高盧戰記》，後人評價也不低，但「醉臥美人膝，醒握天下權」，他的風流韻事更是臭名遠播。

相傳同時期的羅馬政治家西塞羅 (Marcus Tullius Cicero) 就曾在私下打趣時提及凱撒至少與元老院 N 分之一議員的妻子有染。

這樣的一位情場老手，會禁不起色誘而甘心拜倒在克麗奧佩脫拉七世的石榴裙下嗎？

其實，古代世界的政治聯姻本來就所在多有，古埃及新王國時期就是樂中此道。羅馬覬覦埃及這個糧倉與黃金大國已久，而此刻埃及的存亡也需要仰賴一位可靠的巨人。

個人認為，兩人都是駕馭情愛的高手，當愛情昇華到極致，接下來還是得面對權力重分配的現實，所以可能雙方是各取所需彼此利用，遠遠大於真心相愛，此點從凱撒最後遺囑欽定繼承人為養子屋大維，而非克麗奧佩脫拉七世處心積慮想促成接班的小凱撒里昂來看，或許也可見到些許端倪。

儘管如此，凱撒還是讓克麗奧佩脫拉七世風風光光地當上實質的「羅馬第一夫人」，即便短暫，還是有助於她守護住她的埃及。

圖 41：拉美西斯一世神廟浮雕
圖片來源 美國紐約大都會博物館 Public Domain

相較於凱撒的理性，安東尼就顯得感性許多。

有研究者推測安東尼初見克麗奧佩脫拉七世的丰采(當凱撒迎埃及艷后回羅馬時)，就已深深被她所吸引。

不過，對於「大哥的女人」當然不能造次，但是，當凱撒遇刺後，這層限制似乎就不再是個問題了。當然，我們也不能否認克麗奧佩脫拉七世又再次將埃及的命運押賭在這個男人身上。

雖然雙方難脫政治結盟的宿命，但從幾個方面來看，安東尼與埃及艷后或許是真心相愛的。

其一，安東尼寧可冒著與屋大維全面決裂的風險，也要將其糟糠妻(屋大維之胞姊)丟在羅馬，自己卻與克麗奧佩脫拉七世泡在亞歷山大港樂不思蜀。

其二、相傳當亞克興海戰時，埃及艷后因不明原因提前離去，遂導致安東尼像個傻B魂不守舍的追上前去，進而造成領導真空更折損戰士士氣，致使戰局逆轉大敗，此節著實耐人尋味。

其三，癡情的安東尼兵敗自裁後不久，不忍獨活的克麗奧佩脫拉七世旋即也讓毒蛇咬斃。

其四，據報導克麗奧佩脫拉七世與安東尼「合葬」的墓已被發現(此節尚待考古學家進一步確認)。[8]

不由地說，這些承載千萬人命運的英雄美人，同時也是叱咤風雲的大人物們，說到頭來，也只是「性情中人」罷了。

圖 42：Perneb 馬斯塔巴墓內景
圖片來源 美國紐約大都會博物館 Public Domain

▪ 克麗奧佩脫拉七世的相貌與死因之謎

"The nose of Cleopatra: if it had been shorter, the whole face of the earth would have changed."

Blaise Pascal, *Pensées 162*

十七世法國大數學家巴斯卡這一段話[9]，讓人們對於埃及艷后的容貌，有了更多的遐想。

古代中國戰國時期宋玉的《登徒子好色賦》不也曾云：「天下之佳人，莫若楚國；楚國之麗者，莫若臣里；臣里之美者，莫若臣東家之子。東家之子，增之一分則太長，減之一分則太短，著粉則太白，施朱則太赤。眉如翠羽，肌如白雪，腰如束素，齒如含貝。嫣然一笑，惑陽城，迷下蔡…」

試想，能夠讓眾英雄們神魂顛倒的女子，相貌必定不俗，畢竟，「窈窕淑女，君子好逑」嘛！

不過，若依學者對古羅馬錢幣的考證與現代 3D 技術的復原推論，結果或許令人大失所望——埃及艷后可能一點也不「艷」。

圖 43：埃及開羅博物館大門門楣 – 作者自攝

其實，克麗奧佩脫拉七世即便沒有國色天香、沉魚落雁之姿，但光憑的她語言天賦(托勒密時期少數會說古埃及語的法老)、政治手腕、善解人意、足智多謀…等充滿知性與感性的能耐，其所散發出女王獨特的魅力，「嫣然一笑，惑陽城，迷下蔡」，又有什麼難的呢？

埃及艷后風華絕代，「引無數英雄競折腰」，可能也只是剛剛好罷了。

至於克麗奧佩脫拉七世之死，歷來有多種說法：

毒蛇自殺說：相傳當垂死的安東尼被抬到艷后面前，她心疼地幫他拭去鮮血，而安東尼則建議她務必自救，但就在安東尼死後不久，她已決定從容就義，透過預先藏有毒蛇的無花果花籃，讓自己傳奇的一生就此畫上句點，陪葬的還有兩位忠心的婢女。這是最為後人所熟知的死因之一，隨著稍晚於埃及艷后時代的古羅馬文學家普魯塔克 (Lucius Mestrius Plutarchus) 的傳記著作，使得此一死因被廣為流傳。

服毒自殺說：也有研究者認為毒蛇的毒不可能一次毒死三個成年人，所以埃及艷后應是預先服毒液自盡。

屋大維謀殺說：另有研究者推論，克麗奧佩脫拉七世是自盡的這些說法，根本是個彌天大謊，是屋大維為了掩飾權力冷血，所捏造的假消息大內宣所導致，因為權力無從分享，斬草勢必要除根，此見凱撒里昂擔任托勒密十五世區區十數天就迅速被捕處死即可得知。[10]

可能永遠都不會有答案。

當然，還有人會好奇，克麗奧佩脫拉七世為什麼沒有故技重施，讓屋大維再次臣服呢？

有人認為埃及艷后已經年老色衰；也有人認為屋大維是假道學真基友…

但個人認為，或許克麗奧佩脫拉七世已經找到真愛。

圖 44：1963 年電影 Cleopatra 劇照
圖片來源 Wikimedia Commons Public Domain

克麗奧佩脫拉七世的後世評價、流行文化形象、及破譯聖書體文字的間接關聯

克麗奧佩脫拉七世香消玉殞之後，後世給她的評價兩極，蔑視她的人總會認為她貪圖榮華富貴、權力慾望極大，為攀附權貴不惜色誘他人、人盡可夫、甚至會殘害至親的毒辣淫婦，是「一個令好女人黯然失色的交際花」。[11]

羅馬詩人盧坎 (Marcus Annaeus Lucanus)，就曾指控她是亂倫之女、男人一個換一個、設計引誘凱撒、褻瀆宗教且淫亂至極…；羅馬時期作家狄翁 (Dion Chrysostomos)，也曾怒斥：「我們竟然落在一個可怕的女人手中，如何能不傷心」…[12]，諸如此類的形象被塑造，也導致「埃及妖后」…等惡名不脛而走。

但同樣有許多人給予她不同的評價，例如有謂其一生的努力所求，只有守護古埃及這一個目標，而法國史學家馬蒙泰爾 (Jean-François Marmontel) 也曾表示：「沒有其他女人像她帶來這麼多的不幸，但同時也找不到比她更無辜的人了」，至於阿拉伯世界則普遍給予她高度的評價。[(13)]

個人認為，所有的後人評價，大家不妨當作茶餘飯後的談資聽聽即可，因為我們都不是當事人，永遠無法理解當局者在每一個關鍵點決斷時是否存有多少的「不得已」，只能說，克麗奧佩脫拉七世的一生經歷，確實是個傳奇。

奇女子的故事總是被後人所傳頌，在二十世紀，就有多部電影以克麗奧佩脫拉七世的一生為主題，更有多達十數位女星演過埃及艷后這個角色，而最新的主演女星，可能便是以〈神力女超人〉聲名大噪的以色列演員蓋兒加朵 (Gal Gadot)。

不過細數歷來的諸多「艷后」電影，大家印象最深刻的，還是 1963 年版的好萊塢史詩級大片 "Cleopatra"(中文片名即譯為「埃及艷后」)，及飾演克麗奧佩脫拉七世的玉婆伊莉莎白泰勒 (Elizabeth Taylor)，相傳此部電影耗資過鉅，幾乎讓電影公司破產，即便後來票房不俗，仍然以虧本作收。儘管如此，電影確實拍得氣勢恢弘，玉婆也確實以精湛演技重現了克麗奧佩脫拉七世的風華絕代，讓埃及艷后的形象深植人心，也成為所有同類流行文化中最鮮明的印象。

埃及女王的故事說完了，但看倌可能不知道，埃及艷后這個名字與古埃及聖書體字的破譯，也有間接的關聯呢！

先說克麗奧佩脫拉七世所處的托勒密與羅馬時代，正是古埃及祭司們因應外族統治而紛紛將古埃及文化以秘傳文字方式保存，除造就該時期神廟載滿密密麻麻的文字淺浮雕外，也導致古埃及文字後來越來越艱澀難解。

然而，當年商博良 (Jean-François Champollion) 破譯文字時，碑文及莎草紙上關於「托勒密 Ptolemy」及「克麗奧佩脫拉 Cleopatra」(兩人雖然同名，但並非我們這裡所述的埃及艷后) 兩個字，卻也巧合的成為破解大功臣之一。

Cleopatra與Ptolemy中的「獅子」，音符都是「l」。

據學者研究，當時商博良甚至曾說：「這兩隻獅子將幫助這隻獅子 (指自己) 贏得勝利。」[(14)]

所以，您說埃及艷后對於古埃及聖書體字的破譯，是否也有間接的功勞呢？

圖 45：著名的「直升機？！」浮雕 塞提一世神廟 阿拜多斯 – 圖片來源 Wikimedia Commons Public Domain

第四章　阿肯那頓的壯志未酬

異端法老阿肯那頓的宗教改革

走進開羅的埃及博物館，眾法老們個個高大威猛英明神武，唯獨幾尊臉部消瘦塌陷、杏仁眼、長下巴、肩部窄小、腹部隆起、臀部寬大、有明顯女性特徵的雕像，與眾不同，吸引著大家的目光，這便是鼎鼎大名的法老阿肯那頓。

阿肯那頓原名阿蒙霍特普四世，是第十八王朝的法老，根據近年的研究，他應該就是圖坦卡門的生父，古代世界最美麗的女人納芙蒂蒂 (Nefertiti) 則是他的夫人。

古埃及人向來認為名字是人非常重要的部分，讓美名留芳百世也是追求永生的表現方式之一，同樣地，刻意抹黑甚至去除某個人名字在人們心中的記憶，也是另一種形式的「除憶詛咒」。

圖 46：阿肯那頓與阿吞神 埃及開羅博物館－作者自攝

有很長的一段時間，這位法老並不為人所知，甚至也不為後代古埃及人所知，因為在他們認知的祖先中 (例如王表) 並沒有阿肯那頓，或只知道這是某位離經叛道的異端。何以如此？

因為，阿肯那頓曾在古埃及進行一場轟轟烈烈的改革，可惜壯志未酬，徒留空谷迴響。

新王國第十八王朝，來自底比斯的政治勢力打著阿蒙神的旗號，帝國實力蒸蒸日上，除讓阿蒙神登上國家主神寶座，也為神廟祭司集團帶來豐厚的財富，甚至進一步功高震主威脅到統治王權。據研究指出，阿肯那頓的父親阿蒙霍特普三世當年要迎娶平民身分的泰伊 (Tiye) 時，也曾遭受神廟祭司集團的干涉。[15]

圖 47：阿蒙神 卡納克神廟 – 作者自攝

阿肯那頓即位後，為擺脫及削弱阿蒙神廟祭司集團的勢力，索性進行天翻地覆的宗教改革，獨尊遠古的神靈阿吞神，關閉阿蒙神廟，並遷都另建 Akhetaten 城 (即 Tell-el-Amarna)。

與其說阿肯那頓是宗教改革，不如說是政治勢力的大對決，雖然阿肯那頓在世時還可以勉強維持局面，但隨著稍後神秘死亡後，一切又都立馬回復到原狀。

除了神廟祭司集團等既得利益者的全力反撲外，一般老百姓不習慣也無所適從，既沒撈到好處，甚至還要丟掉性命，此見近年研究指出 Akhetaten 城中有許多未成年的童工遺骸群可見端倪 (此節另可參考 Science Channel 紀錄片「揭密被黃沙埋沒的埃及古城 /Unearthed – Egypt's Buried City」)。

阿肯那頓的改革雖然以失敗收場，但卻為藝術風格注入一股清流，讓數千年來趨近僵化的古埃及藝術內容增色不少，史稱阿瑪納藝術風格 (Amarna Art)。

傳統的古埃及藝術，向來都是一板一眼、正襟危坐，不喜歡的人還會認為是死氣沉沉、了無新意與一成不變。阿瑪納藝術風格不失為一種解放，同時我們從該藝術風格的浮雕，也看到了阿肯那頓與納芙蒂蒂全家和樂融融，甚至看到圖坦卡門與愛妻安赫塞娜蒙深情款款的對望…，這些畫面在過往幾乎是不可能出現的。

此外，近來諸多研究指出阿肯那頓的宗教改革，獨尊一神，似乎也啟蒙了後世一神教 (例如猶太教信仰等) 的思想，甚至還有認為阿吞神頌詩 (The Great Hymn to the Aten) 與聖經詩篇 (Psalm) 部分內容相互關聯…。然而，阿吞神太陽圓盤末端的「溫暖小手」(Arthur Weigall 原著「埃及法老阿肯那頓傳」中的用語) 似乎力有未逮，這一切畢竟還是曇花一現，最終成為古埃及文化的一段小小插曲。[16]

圖 48：阿肯那頓雕像 埃及開羅博物館 – 作者自攝

圖 49：納芙蒂蒂 莎草紙畫 – 作者自藏

風華絕代的納芙蒂蒂

學者推論阿肯那頓的夫人納芙蒂蒂，雖非圖坦卡門的生母，卻可能是其髮妻安赫塞娜蒙的母親，同時她也收養了年幼的圖坦卡門，並可能也曾以斯門卡瑞(Smenkhkara)、或自己之名義、或與阿肯那頓本人共同掌權。不過關於她的短暫統治事蹟，由於尚乏更完整的證據，學界始終存有爭議。

其次，由於納芙蒂蒂的陵墓始終沒被找到，數十年前，便有研究學者 (例如 Nicholas Reeves 等專家) 認為，在圖坦卡門墓室牆壁背後似乎存在一個密室，懷疑可能就是納芙蒂蒂尚未被發現的墳墓，但一直無法獲得證實。

2018 年義大利學者 Francesco Porcelli 帶領的團隊，對路克索的圖坦卡門陵墓進行多次科學研究，但最終埃及文物部門表示，經過詳細的探查，暫時並沒有發現任何隱藏的密室存在，也沒有其他秘密通道、階梯或入口等任何跡象，似乎也回應了大眾的些許疑惑。(17)

被譽為古代世界最美麗女人的納芙蒂蒂，圍繞在她身邊的謎題實在太多了。

若僅就德國柏林博物館的納芙蒂蒂雕像觀之，阿瑪納藝術的寫實風格，已經讓人們得以更進一步近距離觀察古埃及女性的長相。

雖然有研究者對它有頭頂帽子太重、脖子太長、臉型略顯高瘦苛薄…等負面挑剔，但個人認為她仍是一位母儀天下風華絕代的女強人。

再者，鑒於埃及認定 1912 年當年德國考古隊運出納芙蒂蒂文物時，曾涉嫌詐騙等非法行為，所以埃及文物管理當局向德國柏林博物館索討的行動，始終沒有間斷。

例如，知名的埃及考古學家哈瓦斯的團隊，多年來也一直在為索討羅塞塔石碑 (大英博物館)、納芙蒂蒂胸像 (柏林博物館)、丹德拉神廟天花板黃道十二宮浮雕 (羅浮宮)、路克索神廟方尖碑…等文物不遺餘力地奔走。

哈瓦斯希望德國方面為了位於吉薩高原即將開幕的大埃及博物館（Grand Egyptian Museum）而把胸像借給埃及，甚至還曾語出威脅，若德國方面不願意將納芙蒂蒂胸像出借予埃及，那麼便要禁止埃及藝術品在德國的各項展覽…。(18)

德國駁斥了埃及索討文物的法源依據，英國媒體更指出，德國此舉是擔心萬一將雕像借予埃及，埃及絕對會藉此占據，納芙蒂蒂胸像勢必將永遠離開德國。

事實上，近半世紀來關於文物保護與返還的國際公約雖然不少，例如《武裝衝突情況下保護文化財產公約》、《關於禁止和防止非法進出口文化財產和非法轉讓其所有權的方法的公約》、《關於被盜或者非法出口文物的公約》…等等，尚稱周延。

但可惜的是，國際法本來就具有拘束力低、難以確實執行的宿命，加上主要「古文物輸入國」本身也都是歷來的強權大國，甚至許多也都沒有加入或批准核定相關公約，尤有甚者，拳頭大者更往往藉由「文物國際主義」、「文化遺產應由全人類共享」、「地球村一家人不分彼此」…等冠冕堂皇的理由，為過往取得的文物行為(不論合法或非法)脫罪漂白，導致於向來處於弱勢的「古文物輸出國」(通常為古文明大國)索討文物難度大為增加。[19]

看來這個爭議仍將持續下去。

↓ 圖 50：貝爾佐尼雇工人搬運拉美西斯二世胸像畫作
圖片來源 Wikimedia Commons Public Domain

圖 51：阿肯那頓與阿吞神 莎草紙畫 – 作者自藏

阿吞神頌詩

阿吞神頌詩 (The Great Hymn to the Aten) 是在圖坦卡門的後繼者阿伊的陵墓中被發現。

這首讚美頌詩，體現了阿瑪納時期 (Amarna Period) 宗教文學精要，知名的埃及學家 Toby Wilkinson 便認為它是前希臘荷馬時期最重要最精彩的詩歌之一。著名的以色列埃及文學專家 Miriam Lichtheim 也稱這首頌詩是一神信仰教義的完美聲明 (a beautiful statement of the doctrine of the One God.)。[20]

茲參考知名埃及學家上海大學郭丹彤教授《古代近東文明文獻讀本》之研究，例示部分聖書體字內容並試譯與大家分享。[21]

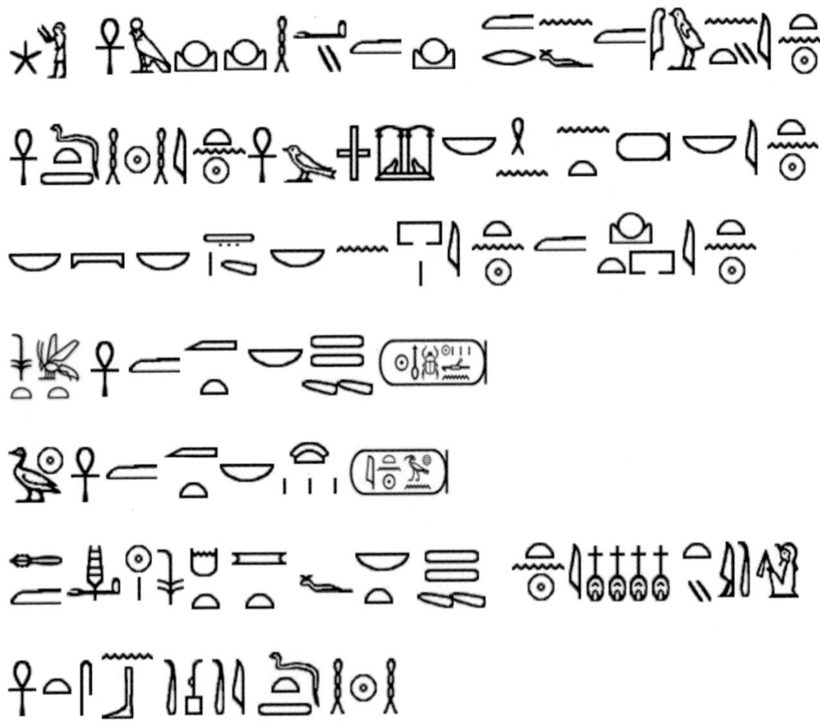

崇拜偉大的 (Ankh-Ra-Kherekhety 神)、(阿吞神)，永恆存在，

慶祝塞德節的阿吞神、萬物的主人、天空的主人、大地的主人、Akhetaten 城神廟的主人，

上下埃及之王，為真理而生；兩土地的主人，(阿肯那頓的登基名)

拉神之子，為真理而生；雙冠的主人，(阿肯那頓的出生名)，永恆存在，

最最偉大的妻子、兩土地的女王，(Neferneferuaten-Nefertity 即納芙蒂蒂)

永遠年輕、健康、存在。

圖 52：拉美西斯三世陵墓一隅 – 作者自攝

第五章　埃及冥界的通關指南

古埃及的喪葬文學與來世哲學

追求永生的喪葬文學與來世觀，是古埃及文化的精華之一，其知識體量大且晦澀龐雜，即便再多的專著可能都難以詳盡全貌，這裡限於篇幅，只能做一個梗概式的扼要介紹，更深入細節的部分，有興趣可另參考其他中外文專論。外文研究書籍汗牛充棟，中文著作則首推復旦大學埃及學教授金壽福老師所著「古埃及亡靈書」、大英博物館 John Taylor 所著圖文並茂的「古埃及死者之書」及 Raymond O.Faulkner 的「亡靈書」中文版。

以下臚列古埃及的喪葬文獻十問如次：

▼1　古埃及最主要的喪葬文獻有哪些？彼此之間有無傳承的關係？

△1 古埃及主要的喪葬文獻，由遠至近分別有「金字塔銘文」、「棺文」及「亡靈書」，後者多以前者做基礎而為豐富添加，彼此間具有傳承關係，而「亡靈書」乃最成熟之集大成者。(22)

主要的喪葬文獻

文獻種類	盛行年代	主要載體 文字類型	圖文搭配
金字塔銘文 Pyramid Texts	古王國末期	金字塔墓室牆壁 （聖書體文字）	完全無插圖
棺文 Coffin Texts	中王國時期	棺緣棺蓋棺底 （聖書體文字）	文字上方搭配少許圖案
亡靈書 Book of the Dead	新王國時期	莎草紙 （草寫聖書體文字） （僧侶體文字）	圖文並茂 比例不一

▼ 2 「亡靈書」名稱的意涵？

△ 2 Book of the Dead「亡靈書」(死者書 / 死者之書 / 死亡之書) 是後世研究者的稱呼，古埃及人 則自稱

一般譯成 Book of Coming Forth by Day，「重見天日之書」、「每日前行之書」…等，是千百年來眾人將各自獨立的魔法咒語 (Spell) 集結而成，主要目的在於協助亡者順利追求來世永生。迄今發現者歸納整理約 190-192 篇左右，最初是由知名德國埃及學家萊普修斯將一批宗教文獻命名為死者之書，此即為亡靈書名稱的由來。

▼ 3 最完整且最知名的「亡靈書」？

△ 3 謄寫「亡靈書」的載體以莎草紙為主，寬度大約在 45 公分以下，長度則依收錄咒語的篇章多寡而定，最長的「亡靈書」約有四十公尺長，而保存最為完整精美且最知名的「亡靈書」，當屬大英博物館館藏的阿尼紙草 (Papyrus of Ani)，是由英國埃及學家巴奇 (E.A.Wallis Budge) 所購得。此外，同館館藏的安海紙草 (安海裔 Anhay/Anhai) 及胡芬紙草 (胡內菲爾 Hunefer) 也甚為知名，容後介紹之。

▼ 4 「亡靈書」的製作與基本架構？

△ 4 文字與插圖應是由不同的工匠完成，迄今研究尚無關於「亡靈書」製作工藝的歷史記載或考古發現，但顯然其必定是純熟的工坊所做，甚至是一整個產業鏈 (不過研究者也謂古埃及晚王國時期亡靈書大量重複的錯誤發生，顯見文字謄寫員可能根本不知道自己所寫的內容) [23]。在架構上，個別咒語彼此獨立，並有咒語經文的標題、開頭、結尾、類似操作說明的附言等等，例如「亡靈書」就便常有「…這是真實不虛的靈丹妙藥，已經經過無數次的驗證」等附言。此外，一般文字多用黑色顏料 (炭)，標題、修改處、註解、套語則多用紅色顏料 (赭石) 書寫，而紅色也往往被視為具有驅邪的魔力 [24]。

圖 53：巴肯穆特亡靈書之小插曲 – 圖片來源 美國俄亥俄州克利夫蘭藝術博物館 CC0

▼5 「亡靈書」主要的內容是什麼？可分為哪幾大類？

△5 「亡靈書」收錄的內容包羅萬象，舉凡與死亡及來世有關者，例如為亡者守夜吟唱的經文、歌頌神明的詩歌、提供死者享用的供品清單、讓亡靈面對冥界守衛關閘的鬼怪時得以順利通關的密語、死者自我辯白的聲明、陰間最後審判…等等，不一而足[25]，早期每個人均基於自身的財力與需求，訂製屬於自己的專屬「亡靈書」，所以幾乎不會出現謄寫在兩份莎草紙的亡靈書內容與排序完全相同的狀況，也沒有任何一份莎草紙完整收錄全部的「亡靈書」經文，但後期為量化生產，則內容有統一化同質化的趨勢，甚至將姓名處留白，讓使用者直接填入。茲參照復旦大學埃及學教授金壽福老師等學者的研究，概分為四類[26]。

亡靈書的內容

亡靈書篇章	內容概述	重要篇章例示
1-16	介紹亡者經由葬禮進入冥界，並藉由經文咒語讓死者恢復行動及說話的能力…。	例如著名的讓夏勃悌（或沙伯替 Shawabti）來幫死者做苦活的咒語，便在第 6 篇。
17-63	闡述諸神的起源與能耐，也提及死者最害怕的情景與如何因應…。	例如第 51、52、53 篇等就列舉了幾項死者最害怕的事:「頭部朝地走路」、「吃糞便」、「喝尿液」。
64-129	描寫如何通過最後審判，轉世後如何乘坐太陽船巡遊…。	最知名的心臟秤量與無罪聲明，就在第 125 篇。
130-190	敘述通過審判的亡者已與永生的神明一樣，在冥界神界暢行無阻…。	例如通過七道門的通關密語就在第 144 篇。

▼6「亡靈書」所揭露的來世觀？

△6 古埃及人的生活環境得天獨厚，所以勾勒出美好的來世，認為人雖然已死，只要保存好肉體(木乃伊)，通過最後審判，靈魂(巴及卡)透過轉化成(阿赫)，就能到達彼岸(蘆葦之地)過著富足的生活，在那裡有夏勃悌幫你勞動，你也可與天神一同巡遊，逍遙快樂(但絕非復活重返人間)。不過，在此之前，要先借助「亡靈書」的魔法咒語等通關指南，來度過惡水、火坑、毒蛇猛獸、妖魔鬼怪…等各種危難與各類門衛的刁難與考驗。總之，古埃及人藉由對周邊環境之認知與想像(例如尼羅河定期氾濫潮起潮落、太陽日夜循環、巨蛇鱷魚等岸邊動物…)，建構出艱困的通往來世之路，與桃花源般的來世生活。實際上，這個冥界與來世，古埃及人也從未完整描述清楚，但無論如何，大都是此世生活場景的另一種投射。坦白說，古埃及人的冥界(Duat)，並未如華人世界的陰曹地府那麼陰森恐怖，也不像地獄煉獄那般慘烈，但奧西里斯信仰、最終審判及靈魂轉化等觀點，創意卻是獨特非凡的。

圖 54：Book of the Amduat 圖特摩斯三世陵墓－
圖片來源 Wikimedia Commons Public Domain

▼ 7「亡靈書」的研究之路？

△ 7 中世紀時，與死人為伍的「亡靈書」，往往被視為如同聖經或古蘭經是具有價值的經典文獻(雖然大家看不懂)。商博良破譯古埃及文後，由於英年早逝，這些喪葬文獻的研究工作便落到萊普修斯及其後繼者納威爾 (Edouard Naville) 等人身上，金壽福教授等研究學者更謂，目前探究「亡靈書」的根基，仍不脫當年納威爾的研究成果 (27)。時至今日，雖然它已被認定並非是具有普世意義的宗教文獻 (例如聖經、古蘭經或佛經)，但仍是古代人類的智慧結晶，此外，目前各領域的專家也都分別試圖從心理學、超心理學、天文學、占星學等更多元的角度來研究古埃及的墓葬文獻與來世哲學，且已有令人耳目一新的不錯成績。再者，鑒於大數據技術的完備，散居各博物館或私藏之文獻的整合研究也越來越便利，例如德國波昂大學 (或波恩大學) 等研究機構，便有整理關於「亡靈書」各版本的數據庫，相信未來要揭開這些「天書」的全部神秘面紗，指日可待。

▼ 8 「亡靈書」與木乃伊？

△ 8 古埃及人認定「人」的組成，除了物理上的「身體」外，還有「名字」、「影子」、「卡」(通常指生命力，由祖先代代相傳，並為享用供品的主體)及「巴」(人頭鳥身，可以飛天遁地，較接近普遍認知的靈魂) 等，要能順利到達來世，首要是「身體」要保存完好，所以古埃及人或許由沙漠中的乾屍獲得靈感，持續精進木乃伊的製作與保存技術。目前關於製作木乃伊的過程與工序，主要來自於史學家希羅多德 (Herodotus) 的記述與現存木乃伊樣品的反推。概略說之，首先，遺體要淨身，腹部會切開小口，移除較多水分且易腐爛的肺、肝、胃、腸等臟器，將之置入卡諾皮克罐(心臟最後會留在遺體內)，再者，會以鐵鉤沿鼻腔深入顱腔，攪動腦髓液化之，讓它隨鼻腔流出。此外，乾淨的體腔及臟器，會用泡鹼乾燥脫水，最後，隨著各項儀式與咒語，全身用亞麻布層層包裹，並用護身符置入裹屍布中，經過七十天 (據知名埃及學家北京大學顏海英教授研究，這個時間主要是依據古埃及人的旬星 Decans 信仰而定) (28) 始為下葬。期間會進行木乃伊「開口儀式」，象徵讓死者恢復各種生活能力。「亡靈書」中雖無關於「開口儀式」的文本，但第 21、22、23 等篇則有相關的意涵 (29)。

圖 55：拉美西斯三世陵墓一隅 – 作者自攝

▼ 9 除了「金字塔銘文」、「棺文」及「亡靈書」，古埃及還有哪些喪葬相關文獻？

△ 9 古埃及的「金字塔銘文」、「棺文」及「亡靈書」，是古代世界甚早闡釋來世觀的文獻，稍晚無論是新舊約聖經信仰體系，或是印度婆羅門或佛教轉世輪迴的信仰，都有不同面向的原罪救贖、來世或轉世哲學，中世紀藏傳佛教中也有被稱為生死書的「西藏度亡經」(或中陰聞教救度大法 / 中陰得度法 / 中陰救度秘法)。惟鏡頭若拉回到埃及，除了上述「亡靈書」等外，還有其他探討冥界或來世哲學的文獻 (Books of the Netherworld)，例如「兩通道之書」(Book of Two Ways)、「來世之書」、「密室之書」、「阿姆杜阿特之書」、「陰間書」(Book of the Amduat / Book of the Hidden Chamber)、「門之書」、「通道之書」、「地獄之書」(Book of Gates)、「洞穴之書」(Book of Caverns)、「十二穴咒語」(Spell of the Twelve Caves)、「大地之書」、「阿克之書」(Book of the Earth / Book of Aker)、「努特之書」(Book of Nut)、「白晝之書」(Book of the Day)、「黑夜之書」(Book of the Night)、或「呼吸之書」(Book of Breathing)、「通向永恆之書」(Book

圖 56：太陽船 拉美西斯九世陵墓 – 作者自攝

of Traversing Eternity)、「天牛之書」(Book of the Heavenly Cow)…等。這些冥界文獻，雖然各有其側重的重點，但大多仍以拉神的夜間十二階段行程及奧西里斯復活重生信仰為主軸，而且有些僅限法老專用。由於經文晦澀難懂，抽象性與符號性甚強，眾說紛云，仍有待更多不同角度的研究。

▼ 10 神廟中也有「亡靈書」嗎？

△ 10 近年北京大學顏海英教授等學者紛紛投入神廟牆壁所銘刻之亡靈書研究，也推斷當年萊普修斯過於武斷地將葬儀文書與宗教儀式文獻統稱為「亡靈書」，實際上有許多被歸類為亡靈書的內容，極有可能只是祭司等神職人員的日常儀式用途 (例如「拉神之禱文」The Litany of Re 等)(但此節學界仍無定論)[(30)]，此外，埃及後期的神廟為何會刻滿密密麻麻幾乎不留白的「文書」，目的也是基於外族統治後的危機意識，為了避免文化失傳而做的經典傳承，似乎也無意中反而促成了埃及文獻的局部「正典化」(類似西元前佛經的數次集結)。此部分都還在初步研究整理中，期待未來能有更多的成果揭露。

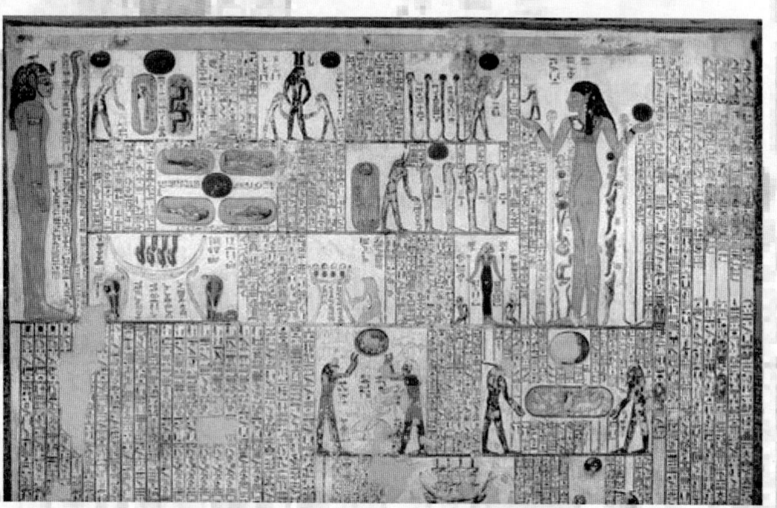

圖 57：Book of Caverns 拉美西斯六世陵墓 – 圖片來源 Wikimedia Commons Public Domain

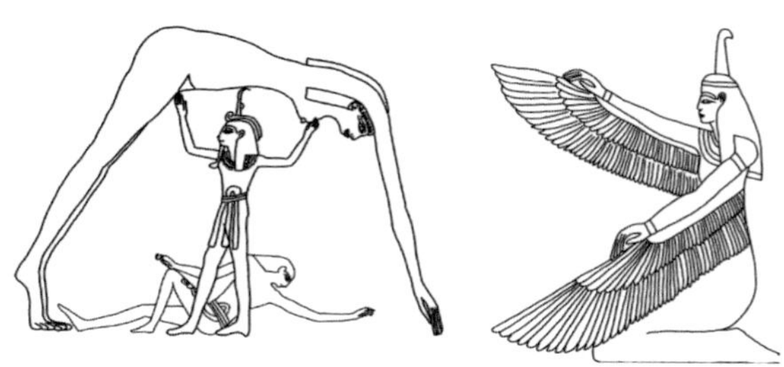

圖 58：卡夫拉金字塔與人面獅身像 – 作者自攝

金字塔銘文

「金字塔銘文」(Pyramid Texts)，是迄今發現最早的古埃及墓葬文獻之一，主要在古王國末期的法老王金字塔牆壁上發現，沒有插圖、銘刻工整，僅供法老使用。第五王朝法老烏納斯 (Unas) 金字塔是目前發現最早刻有銘文的金字塔，其他還有泰提 (Teti)、佩皮一世 (Pepi I)、佩皮二世 (Pepi II)…等等。「金字塔銘文」主要述及國王的重生儀式 (轉化)，古埃及的來世觀在金字塔銘文中已奠定了基礎，但這時還是法老獨享的特權，且此刻法老王的冥界是在天上 (或天國)，之後則由「棺文」、「亡靈書」一脈相承，微幅改變後次第發展。

茲參考知名埃及學家 Kurt Sethe(原始手描)、James P. Allen 之研究及烏納斯金字塔銘文圖片，節錄部分銘文 (Spell 咒語第 213 號 / 即烏納斯咒語第 134-135/146 號 *) 試譯供大家參考 [(31)]。

嗨！烏納斯，你並沒有死去，你已經活著離開了，

你坐在奧西里斯的位子上，手臂拿著權杖，主宰萬物，

你用權杖統領那些難以企及的地方，

你的下臂是阿圖姆神的，上臂是阿圖姆神的，腹部是阿圖姆神的，背部是阿圖姆神的，後部是阿圖姆神的，腿部是阿圖姆神的，頭部是阿努比斯的…，

圖 59：金字塔銘文 Teti 法老金字塔 薩卡拉 – 圖片來源 Wikimedia Commons Public Domain

棺文

古王國之後，埃及的王權漸漸旁落，連帶的原本專屬於法老的來世 (升天) 信仰，也開始由中王國權貴的「棺文」(Coffin Texts) 所陸續承接，之後更以「亡靈書」普及到大眾。在「棺文」中，已出現圖案，但數量有限且都集中於棺木特定區域。研究普遍認為，「棺文」的結構過於鬆散，似無完整架構，清晰度也略遜於較早的金字塔銘文，甚至被認為是雜亂無章的魔法咒語拼湊結集，此外，冥界的大魔王巨蛇阿波菲斯也始見於棺文，而冥界之主奧西里斯的地位也在此時逐步確立。

圖 60：Khnumnakht 木棺 – 圖片來源 美國紐約大都會博物館 Public Domain

茲參考知名埃及學家 Adrian De Buck(原始手描)、John Bunker 及 Karen Pressler 之研究，節錄部分銘文 (Spell 咒語第 1 號 / Coffin B3BO) 試譯供大家參考[32]。

托特神的追隨者，

嗨！奧西里斯（指亡者），你是獅子的化身，你是舒神及泰芙努特神的化身（雙獅），

你是荷魯斯神的化身，守護著神…這四位神靈的第四位神祇，

這兩位神靈帶來天國的聖水（指尼羅河），…分離了眾神的形象，…

就像大熊星座，他們都是他的神靈，

奧西里斯，重生在東方，讓荷魯斯神穿越你的上方。(Raymond O.Faulkner 譯為：升起你自己在左手方，讓你自己在你的右手方）

圖 61：心臟秤量的儀式 莎草紙畫 – 作者自藏

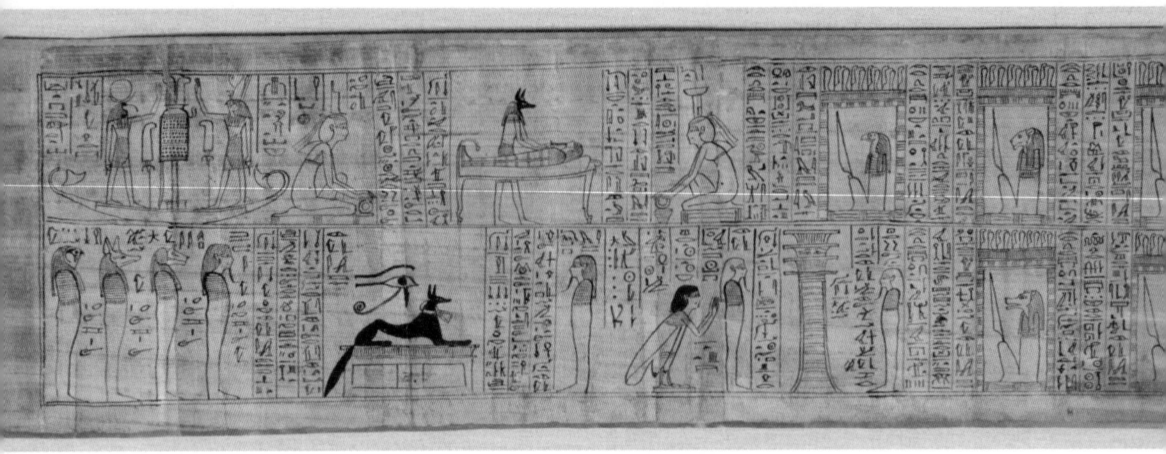

反面懺悔與最後審判

「亡靈書」第 125 篇是最重要的章節之一，幾乎所有的「亡靈書」莎草紙都有收錄這段內容。

此段描寫亡者經過層層關卡後來到奧西里斯主持的審判大廳，旁邊有 42 位 (古埃及有 42 個州 / 諾姆) 參與陪審的神靈，冥神奧西里斯身後有伊西斯及奈芙蒂斯佐理，前有托特神負責記錄，阿努比斯則協助心臟秤量的儀式 (The Weighting of the Heart Ritual)，天秤的一方為羽毛形象的瑪阿特神，另一邊則為死者的心臟，若因心過重而天秤傾斜，死者將被神獸阿密特 (Ammit) 吃掉，萬劫不復的「再次死亡」，反之，則會被帶領迎向美好的境域 (蘆葦之地 The Field of Reeds)。

此外，死者在審判時也要先做道德性甚高的自我聲明 (Negative Confession/ Declaration of Innocence 一般稱為反面懺悔或無罪聲明)，來表述自己這輩子保證是潔淨無瑕之人。

第 125 篇的附言也很有趣，此處援引復旦大學埃及學教授金壽福老師的翻譯：「擁有這篇經文紙草卷的人一定會興旺，…這是真正的靈丹妙藥，並已經經過無數次的驗證」[33] 供參。

茲節錄本篇部分內容試譯供大家參考。

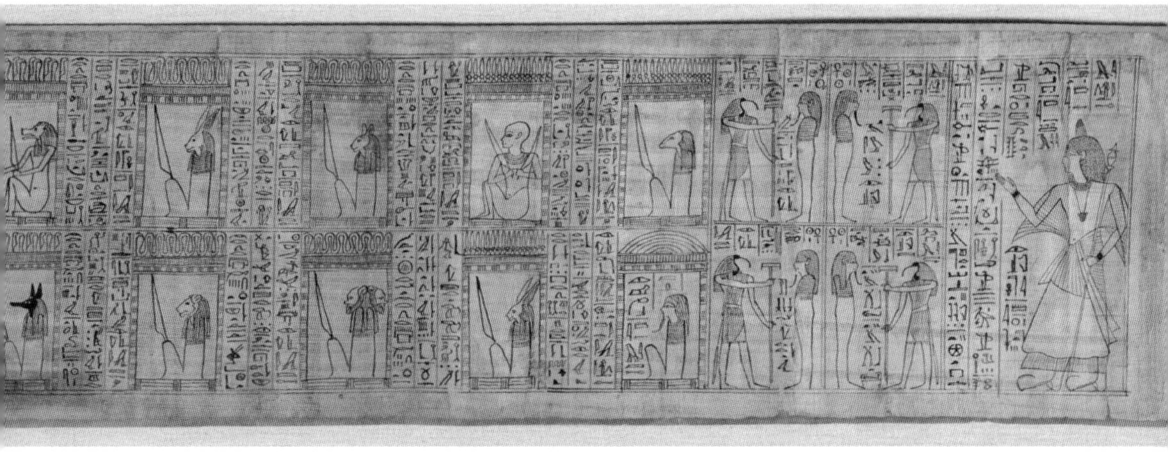

圖 62：堀之亡靈書 – 圖片來源 美國俄亥俄州克利夫蘭藝術博物館 CC0

啊！來自 Heliopolis 大步邁進的神啊！我從未做過錯事。

啊！來自 Kher-aha 環抱火焰的神啊！我從未搶奪他人財物。

啊！來自 Hermopolis 的大嘴鼻神啊！我從未偷竊他人財物。

啊！來自 Busiris 的窮凶極惡大神啊！我從未與有夫之婦有染。

啊！來自原初之水的 Ihy 大神啊！我從未大聲喧嘩。[34]

安海的亡靈書

安海「亡靈書」莎草紙，目前收藏於大英博物館，研究者多謂早期的「亡靈書」主要是為男性而製作，女性角色雖偶爾會在插圖中出現，但通常只是男主人的附庸。

在新王國晚期則逐漸打破這個現象，其中最知名的便是安海紙草，它是專門為女性製作的(紙草中蘆葦之境的插圖則有安海夫婿陪伴的罕見畫面)。

學者通說認為安海應該是為新王國第二十王朝阿蒙神廟的女祭司或女歌者，而且還是阿拜多斯(Abydos)及伊斯納(Esna)兩地教團組織(cult)的首席音樂家[35]，在其「亡靈書」莎草紙中，無時無刻不出現樂器叉鈴(Sistrum)。

由於安海的社經地位高，也反映在她「亡靈書」的精美質量與華麗大器上，除了版面較為寬大外，部分內容甚至還有疑似鍍金的痕跡(或用金葉裝飾的圖案)。

在數片紙草中，除了節選幾段「亡靈書」章節外，也有「門之書」中原初之水努恩神(Nun)將太陽船高舉象徵每日太陽在東方重生的畫面。

此外，雍容華貴的安海，不像阿尼及胡芬紙草中，阿尼的夫人圖圖(Thuthu)及胡芬的老婆娜莎(Nasha)，全身衣著包緊緊。安海的面容姣好，薄紗幾近透明，給人無限遐想，也是許多論者的話題所在。

這裡所展示的是安海被荷魯斯引導進行心臟秤量儀式的畫面，茲參考巴奇(E.A.Wallis Budge)的研究，節錄部分莎草紙上的經文試譯供大家參考[36]。

奧西里斯(指亡者)，阿蒙神的歌者，安海，

在諸位偉大的神靈面前，在這正義公理的的神聖殿堂上，她被證實是位誠實為善之人(她已通過心臟秤量儀式)。

圖 63：安海亡靈書 莎草紙畫－作者自藏

胡芬的亡靈書

胡芬的「亡靈書」莎草紙，與阿尼紙草及安海紙草，都是大英博物館館藏最具知名度的「亡靈書」。這三份紙草，均是用草寫的聖書體字 (Cursive Hieroglyphs) 所寫 (中後期的亡靈書大多用僧侶體字 Hieratic 書寫)，它們都是十九世紀由大英博物館購得 (Be Bought from Egyptian Dealers by the Trustees of the British Museum)。

眾多「亡靈書」紙草能夠保存下來，某種層面可能也要歸功於巴奇在任職大英博物館時的「大肆收購」政策。從 1883 年到 1924 年，任職於埃及 / 亞述部門的他至少為大英博物館「增加」近四萬件的古埃及文物，儘管因此遭致部分「文物掠奪者」、「冒瀆者」的罵名，他還是樂此不疲，晚年甚至還被授予爵士尊銜。

胡芬是新王國第十九王朝法老塞提一世的皇室書記、聖牛督管大臣。在胡芬紙草中，一如阿尼紙草，可見到葬禮隊伍的描寫，例如一群人拖著類似太陽船型的棺柩 (上有木乃伊)，前面則有數名女子的職業哭喪隊。

此外，在紙草上也有象徵木乃伊「開口儀式」的場景，於胡芬的木乃伊面前，一位是他的妻子娜莎，另一名則可能是他的女兒，正為胡芬哀悼著，其後則由數名祭司手持薰香淨身工具，為木乃伊「開口」，讓它在冥界恢復各項生活機能。至於下方附圖除了滿桌的供品外，還有活切牛腿的殘忍血腥畫面。

這裡所展示的是胡芬木乃伊「開口儀式」的紙草畫面，茲參考巴奇的研究，節錄部分莎草紙上的經文試譯供大家參考 [37]。

願您滿足，奧西里斯，西方世界的第一人，永恆世界的主宰，恆久萬物的持有者，
讚美的主人，太初世界神靈的領導者，
嗨！阿努比斯，防腐的大神，神廟的主人，
願他們在冥界能有自由進出的能力…

圖 64：胡芬亡靈書 莎草紙畫 – 作者自藏

圖 65：Buiruharmut 來世之書 – 圖片來源 美國俄亥俄州克利夫蘭藝術博物館 CC0

來世之書 (Book of the Amduat)

到過埃及的人就會感受得到，為何太陽神信仰在古埃及人心目中那麼重要。由於埃及全境沒什麼高山，日出日落大概都可看得很清楚，試想若有這麼一天，太陽不再升起，大地一片黑暗死寂，對於熟悉旭日東昇的古埃及人勢必心生惶恐。緣此，古埃及人也把這種期待太陽重新出現的心態，與他們的生死觀及來世哲學結合，認為人所追求的便是死後永恆再生，如同每天的日落日出一般，所以，他們設想夕陽遲暮的太陽西下後一定經歷了一段很特別的旅程，直到第二天清晨神采奕奕重新再生並日出於東方的地平線。因此，「來世之書」等喪葬文獻便在太陽神崇拜與奧西里斯信仰中誕生。

與「亡靈書」著重在最後審判、蘆葦之境等來世風光不同，「來世之書」則側重描寫拉神通過冥界夜間十二個時段 (或小時) 的重重難關 (例如火湖，蛇關、灣流、惡水…等等)，最後重生的際遇。知名埃及學家，同時也是研究來世文獻權威的賀爾農 / 霍農 / 赫爾農 (Erik Hornung) 則指出，這些境遇只是象徵性的表徵。他認為這些載滿來世觀的文獻，是種獨特的「知識」，除了對往生者有用外，對於在世間的人也有助益。因為他認為各種遭遇，都在幫助人們增添心靈的洞察力並調和逆境 (猶如逆增上緣)，最終讓人們如同千錘百鍊般地蛻變、轉化、重生。

"It is good for the dead to have this Knowledge , but also for a person on earth , a remedy- a million times proven."

(from《Knowledge for the Afterlife》, Erik Hornung , Theodor Abt,2003) (38)

茲參考Erik Hornung的《The Egyptian Amduat》英譯本封底節錄經文試譯如次:

只要知悉(或掌握)這神秘知識的人,必定已轉化成阿赫(Akh),
它隨時可以自由進出冥界,
而對在世的人言之(或可對活人說話),
它也絕對具有療癒效果,這已經經過百萬次的認證。(39)

據研究指出,「來世之書」(Book of the Amduat) 中的 Amduat 意指「在冥世或來世之中」(that which/what is in the "Duat"),文本最初僅供法老王使用,最著名的當然首推帝王谷中圖特摩斯三世墓室 (KV 34) 中牆壁上的記載 (看起來就像現代版的卡通連環圖畫),而唯一非皇室成員卻也使用過的人,則是哈特謝普蘇特及圖特摩斯三世時期的維西爾 Useramun 墓室 (TT 61) (Vizier 類似中國的宰相) (40)。新王國之後,「來世之書」的節本或摘要本,也逐漸出現在莎草紙或棺槨,並由非皇室的祭司等人使用,一直到了羅馬統治時期,都還有相關內容的引用。相較於「亡靈書」、「棺文」是個別獨立、結構鬆散的咒語集結成冊,「來世之

圖 66：巴肯穆特 Amduat– 圖片來源 美國俄亥俄州克利夫蘭藝術博物館 CC0

書」則有較嚴謹的架構，分段敘述拉神的旅程 (法老被稱為拉神之子，故法老的死亡即如同與拉神一同經歷這重生的過程)。著名的埃及學家夫婦 John Coleman Darnell & Colleen Manassa Darnell 便曾在《The Ancient Egyptian Netherworld Books》書中，指出冥界之書的主題就是拉神與奧西里斯神的結合 [41]。

圖 67：亡靈書 埃及開羅博物館 – 作者自攝

圖特摩斯三世墓室的版本，目前是最完整的「來世之書」(雖有學者認為應該更早以前就有相關內容，但似乎尚乏更具體的佐證)，除了圖文並茂外，甚至其中還臚列了足足 741 位的神靈 (依 Hornung 的統計編碼，全部應為 908 位)。全文始於拉神以公羊頭形式 (即太陽神的「巴」) 進入夜晚第一小時 Duat 領地，在第六小時靈魂與軀體 (指奧西里斯) 結合，在第七小時大戰巨蛇阿波菲斯 (Apophis)，於第十二小時完成重生之旅[(42)]。

除了就經文具像描述的研究外，也有不同專家試圖從不同角度來研究「來世之書」，例如瑞士榮格心理學派專家 Andreas Schweizer 便曾專書從心理學討論「來世之書」，大家若有興趣做不同層面的深度研析，也可參考其所著的《The Sungods Journey through the Netherworld》或 Diana Kreikamp 所著的《Amduat : The Great Awakening》。

茲參考霍農的研究，節選第十二小時的部分經文試譯如次[(43)]：

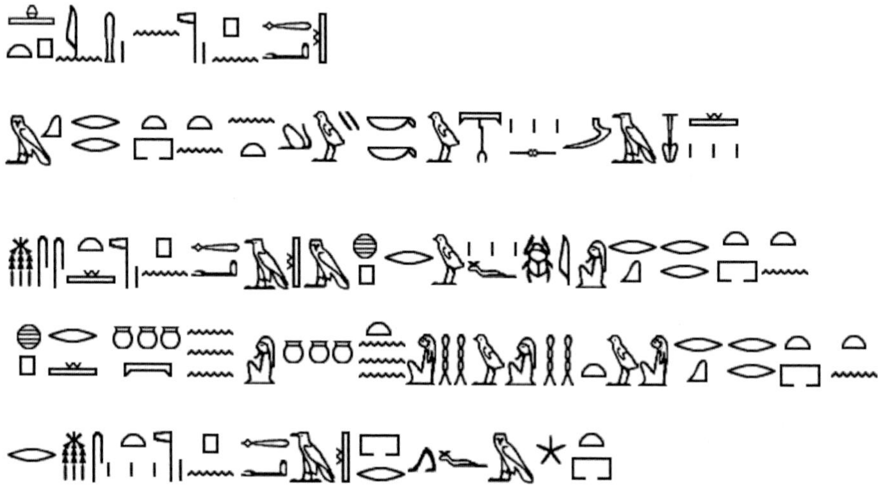

偉大的神靈（落日），在洞穴（墓室）中已來到了夜晚的盡頭，

偉大的神靈在洞穴（墓室）中，以赫普利神 (Kheperi) 的形象重生了，

努恩神 (Nun)、Naunet 神、Hehu 神、Hehut 神等八神系的諸位大神在這洞穴（墓室）中出現了，

偉大的大神重生了，他將離開這個冥界。

門之書 (Book of Gates)

「門之書」(或通道之書 / 地獄之書 Book of Gates)，是新王國時期第二重要的冥世之書，就內容而言，同樣將架構設定在拉神的夜間十二小時旅程，與「來世之書」應屬姊妹作 (就來源部分，學界偏向不同的起源，但似無定論)。據北京大學顏海英教授的研究指出，「來世之書側重神學知識，門之書則側重儀式，二者內容是互補的」[44]。

第一個「門之書」較完整版本，是在第十九王朝法老塞提一世的石棺 (目前收藏在倫敦 The Sir John Soane's Museum) 上所發現，在帝王谷塞提一世…等拉美西斯世代 (Ramesside Period) 的諸多法老墓室中，更是佈滿「門之書」的相關內容，也是參觀這些陵墓的亮點之一。與「來世之書」類似，新王國之後，「門之書」的內文，也逐漸在莎草紙或棺槨被人引用。

塞提一世的墓室 (KV 17)，是帝王谷迄今發現規模最大的陵墓，也是載滿「門之書」…等來世文獻的寶庫。知名的埃及考古學家哈瓦斯，在早年曾受他人啟蒙，指引他挖掘塞提一世墓室的另一條「秘密通道」，此段因緣在國家地理頻道「埃及的生與死」紀錄片中曾有敘明，不過，四十年後這條深度沒完沒了的「秘密通道」仍看不到盡頭，所以究竟還有多少未知的秘密，實不得而知。

「門之書」中曾載明當時埃及人已知的其他外族人種，例如利比亞人、努比亞人、亞洲人 (即兩河流域或巴勒斯坦地區的人) 等，而在第十二小時的最後一段，則是太陽船被雙臂舉起，浮出水面的畫面。完成夜晚冥世旅程，象徵拉神的重生，再次日出東方的地平線，光芒將重新照耀大地。茲參考 Erik Hornung 所著《The Egyptian Book of Gates》的研究，節錄第十二小時的部分經文試譯如次[45]：

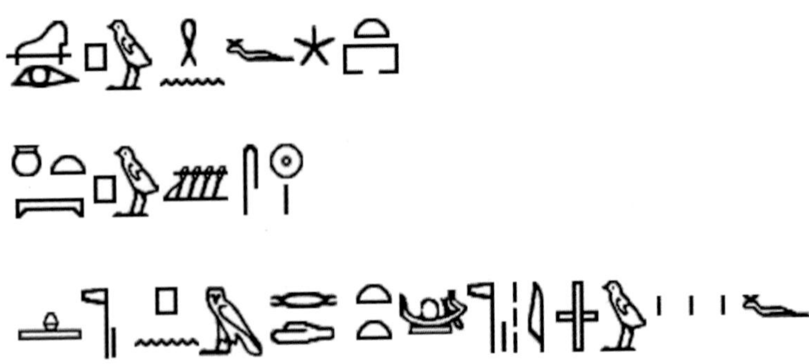

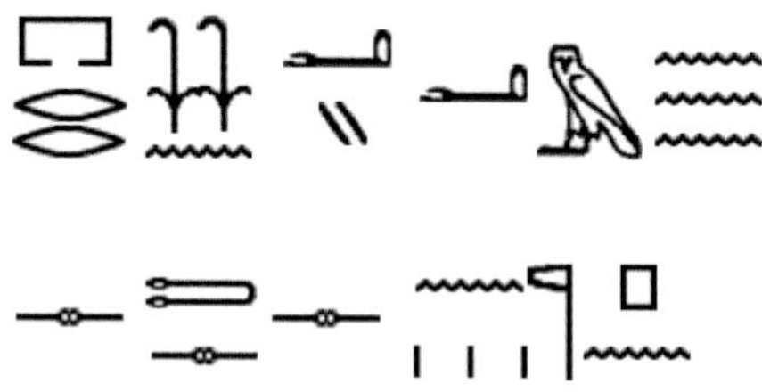

奧西里斯（與拉神合一），它已經完成冥界的循環，

努特女神接納了它（拉神）

眾神靈坐在太陽船上，拉神也位於其中，

它們用雙臂讓太陽船浮出水面，

它們舉起了眾神。

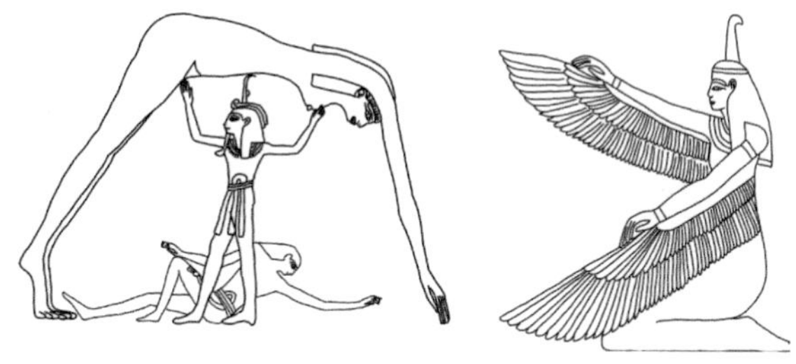

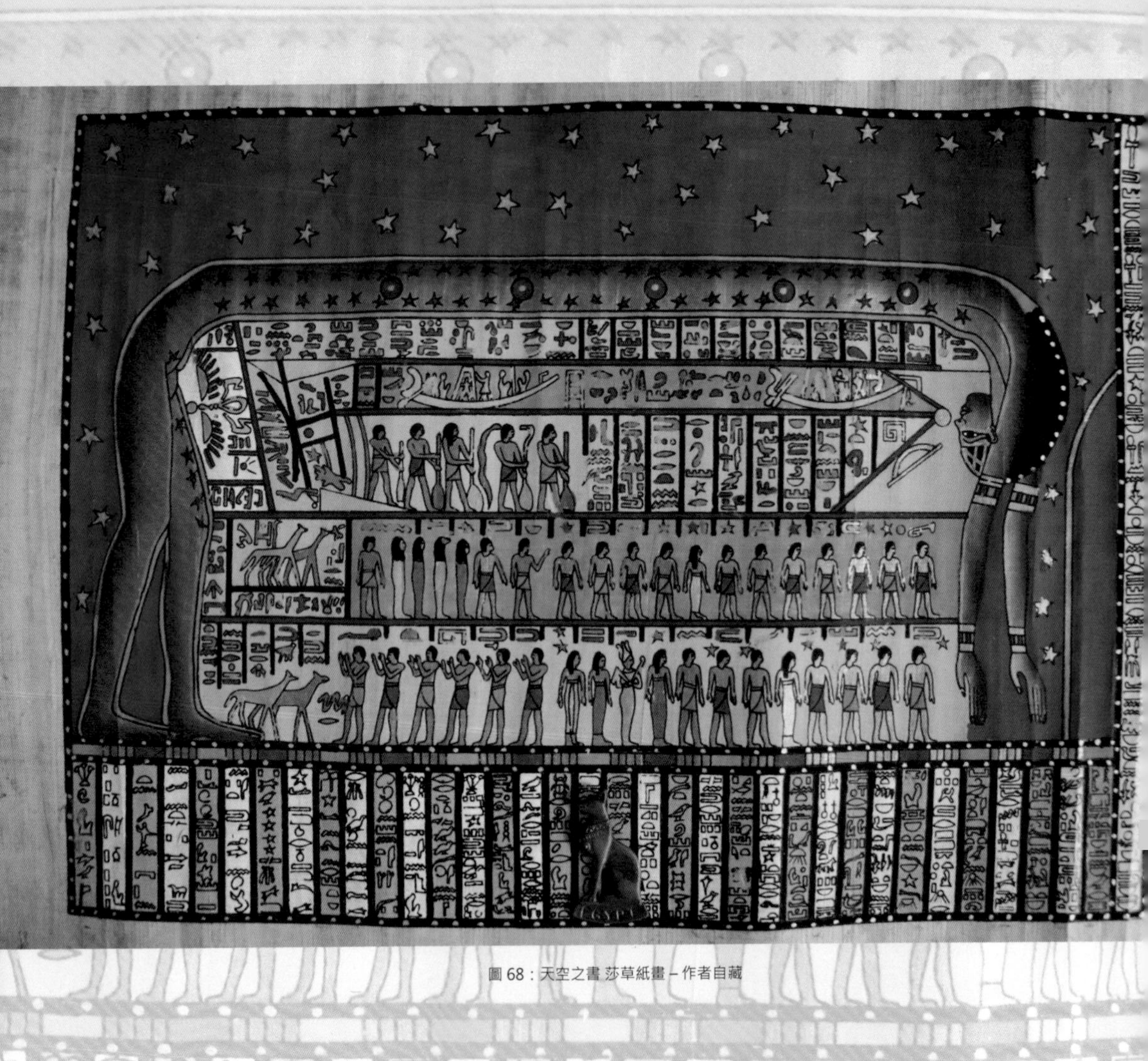

圖 68：天空之書 莎草紙畫－作者自藏

大地之書、天空之書、黃道十二宮

Aker 阿克神 (阿克爾神)，具有背對背雙頭獅子及中間有太陽圓盤的形象，所以也有能向前看向後看的能力，很像古埃及字地平線 (兩山丘與太陽圓盤) 的外觀，最初它僅為守衛者的地方神角色，之後逐漸演化成拉神的保護者之一，甚至還生下赫普利。據研究指出，「大地之書」、「阿克之書」(Book of the Earth / Book of Aker / The Creation of the Sun Disk) 較完整的版本在拉美西斯六世等陵墓 (KV 9) 中，主要仍是在敘述拉神重生，但它並未如「來世之書」、「門之書」區分夜間為十二個時段，且太陽神的旅程並沒有明確的目標，也沒揭示冥界的入口，但最後階段都有太陽圓盤被舉起升天的圖像。

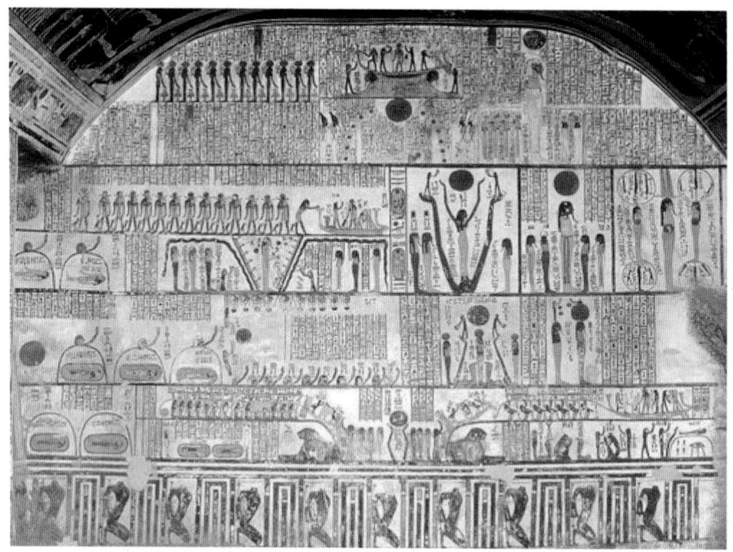

圖 69：Book of the Earth 拉美西斯六世陵墓 – 圖片來源 Wikimedia Commons Public Domain

茲參照 John Bunker 及 Karen Pressler 所著《The Book of Aker》之研究，節選 Section 35 經文試譯供大家參考 (46)：

太陽圓盤長眠在冥界（或墓地），之後它被雙臂舉起重生，它們將神靈舉起升天。

除了「來世之書」、「門之書」、「大地之書」、「亡靈書」…等來世文獻外，在帝王谷拉美西斯世代的法老王陵墓中，也時常可以見到與天象相關的天空之書，例如「努特之書」、「白晝之書」與「黑夜之書」。經歷阿肯那頓的宗教改革，在阿瑪納時期之後，古埃及人逐漸發展出一種新的來世重生哲學，這次的主角是天空女神努特。相傳太陽西下，被黑夜吞噬，就如同被努特神吃掉，在第二天清晨，又從努特神的子宮產出，象徵太陽重生，周而復始，日復一日。

圖 70：努特之書 拉美西斯四世陵墓 – 作者自攝

拉美西斯六世的墓室 (KV 9)，是帝王谷中除了塞提一世外，另一座令人讚嘆的陵墓，在這裡有各式各樣的來世文獻，例如「來世之書」、「門之書」、「大地之書」、「白晝之書」、「黑夜之書」「洞穴之書」…等等，有些甚至還是幾近全文本的呈現。

羅馬統治時期，旅行家往往稱 (KV 9) 是門農 (Memnon) 之墓，因為他們認為拉美西斯六世稱號 (王名圈) 的部分圖飾，與阿蒙霍特普三世類似，而這些是在阿蒙霍特普三世神殿的門農巨像 (Colossi of Memnon) 上所發現 (47)。

圖 71：門農巨像 – 作者自攝

此外，原位於丹德拉神廟天花板上的黃道十二宮浮雕，十九世紀時被古董商給敲下，最後輾轉到了羅浮宮 (目前該神廟僅保存複製品)。北京大學顏海英教授曾謂，當時這些初次看到神廟浮雕的歐洲探險家，不時驚嘆「我們不是在一間神廟內，我們是在科學與藝術的殿堂中」(48)，已為這座浮雕的精美與研究價值下了最好的註腳。

然則，圍繞在黃道十二宮圖的研究卻仍舊莫衷一是，是否也與古埃及的來世哲學及宗教儀式相關，無論是純天文學派、純埃及學派⋯，似乎仍爭議不斷難以整合。顏海英教授近年投入相關研究，於《古埃及黃道十二宮圖像探源》乙文中指出：「通過黃道十二宮圖的考證，一方面可以說明古埃及的黃道圖傳承自本土的旬星觀測及宗教儀式，另一方面可以揭示古埃及人的復活觀念是在對日月星辰等宇宙現象觀測、思考基礎上發展出來的獨特的生命哲學」[49]。

遊客參觀古埃及陵墓與神廟，最好也能對來世文獻有些初步認識，才不致於走馬看花，入寶山空手而回，不過，這些密密麻麻的「天書」，人言言殊，也期待有更多研究投入。

圖 72：黃道十二宮與納芙蒂蒂 莎草紙畫 – 作者自藏

圖 73：罕見的正面形象 宴會圖 莎草紙畫 – 作者自藏

第六章　古埃及人的極樂世界

古埃及人生存的環境得天獨厚，既有外部的沙漠與海洋屏障，讓埃及民族既無需擔憂異族頻繁入侵，又有尼羅河的定期氾濫，帶來肥沃的良田，讓埃及人幾乎不用耗費過多的精神去擔心糧食問題。於是農暇或工作之餘，便是古埃及民族的內省思考與享樂的時光。透過內省思考，古埃及人頗有此生苦短的感觸，進而發展出獨特的來世哲學 (例如木乃伊、來世之書、亡靈書等) 與規模宏大的相關建築 (例如金字塔、神廟、鑿岩陵墓等)，而享樂時光更是在古埃及出土的文物與墓室壁畫及浮雕中處處可見。茲舉數例：

若論生活享樂片段，Deir al-Medina 工匠村的墓室壁畫記載頗多。目前大英博物館收藏的涅巴蒙 (Nebamun) 墓室壁畫也是代表作之一，無論是它的「狩獵圖」、「捕鳥圖」、「宴會圖」，均生動地展現古埃及人休閒時光多采多姿的生活型態。其中，宴會壁畫上生動地描寫了物產豐收、酒足飯飽、夜夜笙歌的場景，無論是載歌載舞的裸女舞者，還是吹彈樂器的樂師，都刻畫得相當精巧有趣，甚至還有古埃及壁畫中罕見的完全正面形象片段 (算是數千年來古埃及藝術「正面律」規則中的異數)，頗為珍貴。

圖 74：Nakht 墓室壁畫 Norman de Garis Davies 等人畫作－圖片來源 美國紐約大都會博物館 Public Domain

此外，在都靈埃及博物館的「舞者」殘片中，這位女舞者身裹薄布，上身赤裸，坦露酥胸，身體弓著，雙足雙手與頭髮著地，像雜技團員也像瑜珈高手，生動地體現了高超的舞藝及工匠的繪畫工藝，雖是殘片，卻也是難得一見的佳作精品。

圖 75：舞者（忠實攝影複製品）– 圖片來源 Wikimedia Commons Public Domain

另外，古埃及人載歌載舞時，常會使用一種打擊樂器——叉鈴 (Sistrum)，且上面往往有鮮明的哈托爾神形象，各大博物館與墓室壁畫均可見到，也常有一些侏儒或盲眼人士彈琴的壁畫或雕塑等文物留存至今。

圖 76：Djeserkareseneb 墓室壁畫 Charles K. Wilkinson 畫作 – 圖片來源 美國紐約大都會博物館 Public Domain

再者，在古埃及與兩河流域，豎琴、笛子等樂器發展都相當的早，也時常出現在墓室壁畫與浮雕之中，其中最為知名的，便是 TT 52 納克特 (納赫特 Nakht) 墓室壁畫中的「三女樂師圖」。這三名妙齡美少女，彈撥著豎琴等樂器，中間這位彈琴 (學者認為應是介於 Tanboura 與 Egyptian Guitar 之樂器) 赤裸上身的女樂師不時還會回頭與左邊的同伴竊竊私語，畫作神韻極為動人 [(50)]。

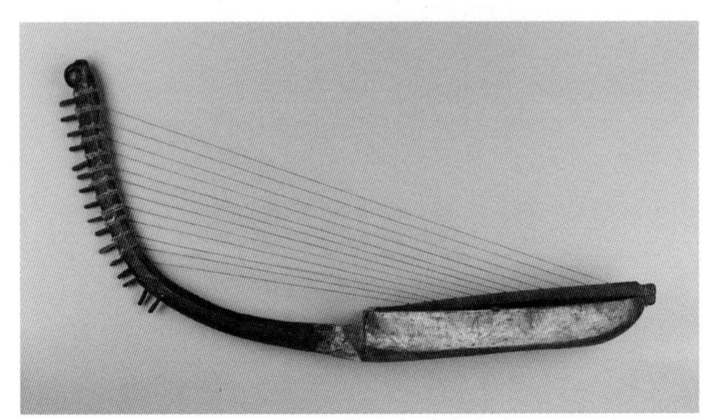

圖 77：古埃及豎琴 – 圖片來源 美國紐約大都會博物館 Public Domain

關於「宴會圖」、「三女樂師圖」等古埃及女性赤身裸體議題，千萬別用現代人的異樣眼光觀之，要知道埃及的炎熱可是有名的 (據研究在阿瑪納書信中甚至還有到埃及出使的團員，曾因在酷暑烈日下曝曬過久而遭曬死的紀錄呢！) [(51)]，所以在揮汗如雨的舞蹈運動中赤身裸體本即司空見慣，無需大驚小怪。

此景令我不由得想起十三世紀時元朝人周達觀所撰寫的《真臘風土記》中對東南亞吳哥城的記載：「城中婦女三三五五咸至城外河中澡洗，至河邊脫去所纏之布而入水。會聚於河者，動以千數…。自踵至頂，皆可得而見之。城外大河，無日無之。唐人暇日頗以此為遊觀之樂。聞亦有就水中偷期者」，顯見當時深受禮教束縛的華人，看到地處熱帶赤身裸體的古高棉女性，也就不自覺的成為偷窺他人洗澡的「痴漢」鼻祖了。

無論如何，兩性平權的今日，欣賞古埃及藝術，吾等也應平常心觀之。

至於塞尼特棋 (Senet)，也是古埃及人常見的休閒娛樂活動，實際的玩法恐已不可考，但推測應是類似今日大富翁或象棋的遊戲，在墓葬中也時常出現，例如圖坦卡門墓葬品中、奈菲爾塔莉墓室壁畫中，都有塞尼特棋的身影。據研究，除了實用遊戲外，它也有與死神對弈的隱喻 [(52)]。

圖 78：三女樂師圖 莎草紙畫 – 作者自藏

圖 79：Tanis 遺址－圖片來源 Wikimedia Commons Public Domain

第七章 古埃及文學故事簡介

「沈船遇難水手的故事」(The Story of the Shipwrecked Sailor)

這個著名的中王國時期航海故事，原文是以僧侶體書寫，載於莎草紙上，現藏於俄國聖彼得堡冬宮博物館。在敘事的技巧上，頗為新穎，尤其是其以「故事套故事」的模式，與後來中世紀的《天方夜譚》，《十日談》…等文學作品雷同，似為此類型文學體裁元老之一，除有風氣開創之先外，同時也是世界航海類型故事的先驅。

故事講述一名埃及將領率船隊遠航歸來，卻因此行目的似乎沒有圓滿達成，在面見法老前心情忐忑不安，他的隨從水手不忍長官悶悶不樂，就想以自身的過往經歷來安慰長官。

水手告訴長官，多年以前他也曾率隊遠航，途中經歷一次大風暴，船不幸沉了，而船上的百來位英勇水手也無一倖免，就當他僥倖存活下來時，卻發現自己漂流在一個荒島上，正當他為死去的弟兄罹難而難過之際，卻發覺有隻會說人話的巨蛇正虎視眈眈地盯著他，以為自己在劫難逃心灰意冷的他，向巨蛇無奈地說明了自己的遭遇，巨蛇聽罷，不僅沒有吃了他，更向水手說了另一段自己的悲慘故事。

巨蛇說它本來全家和樂的生活在一起，卻在一次天降火災意外事故中失去了其他家族夥伴，但它並沒有因此而被逆境給打倒，反而更堅強的活了下來，所以，它勉勵水手務必要堅強，並告訴他好好養傷，過幾個月後，就會看到來自水手自己故鄉的船隻，屆時就可以回家了。

水手精神為之一振，告訴巨蛇，若他能安然返鄉，他一定會從埃及派人送來沒藥、珍寶等大禮，以答謝巨蛇的救命之恩。巨蛇哈哈一笑，表示若要送這些沒藥等珍寶香料那就不必了，因為它自己就是沒藥出產大國——朋特國(或蓬特 Punt，一說認為是在今非洲索馬利亞紅海口或東非一帶)的主人，反而應該是巨蛇送水手鉅額財富才對。

幾個月後，果然來了一艘來自埃及的船，水手高興地返回故鄉，而這座荒島與巨蛇卻也永遠地消失了…

水手說罷這個奇幻經歷，原本期望長官能夠心情安定一些，無奈將軍卻仍悲觀地表示：

一隻明日就要待宰的鵝，誰又會再給它一杯水呢？（節錄聖書體文字並試譯之）[53]

亦即喝水又有何用、聽這些無關痛癢的經歷又有何用呢？

圖 80：埃德富 荷魯斯神廟－作者自攝

「善辯農夫的雄辯」(或「能言善辯的農夫」)(The Discourses of the Eloquent Peasant)

這是中王國時期的司法訴訟文學類重要文獻，保存至今共有四篇莎草紙殘篇，都是抄本，且各篇所載故事並不盡全然相同，嗣經後人拼湊整理構成全貌[54]，原文是以僧侶體書寫，目前殘篇分別藏於德國柏林博物館與英國大英博物館等地。

本故事主要描述一位基層勞動者，在遭遇社會不公義時，如何運用自己的聰明才智與鍥而不捨的精神，讓司法正義最終獲得伸張。

胡恩因普 (或庫納努普 Khueninpu) 是位農夫，某日途經一位大臣莊園附近時，遭到大臣管家的惡意刁難擋路，並藉口農夫的牲畜吃了麥苗而奪取了他的財物，甚至還將他毒打一頓，農夫苦苦哀求卻得到眾官僚們的冷眼對待，他不得以只能進京向大臣告發，但直到反覆投訴了第九次，才得到最後公平的審判結果，此節除彰顯農夫不屈不撓的精神外，也為當時的社會黑暗現象下了一個不光彩的註腳。

↓圖 81：孟斐斯 哈托爾神廟遺址 – 圖片來源 Wikimedia Commons Public Domain

此故事內容雖然單純，卻因其語句優美、措辭講究、技巧豐富，而被後世研究者高度肯定其文學價值[55]。

例如，在第三次申訴時，農夫怒道：

看哪！你就像

一個沒有市長的城鎮；一群沒有偉大領導者的烏合之眾；

一艘沒有船長的船隻；

一群沒有統領的盟邦…

領導者本該懲處不法，但現在卻成為作惡者效法對象。（節錄聖書體文字並試譯之）[56]

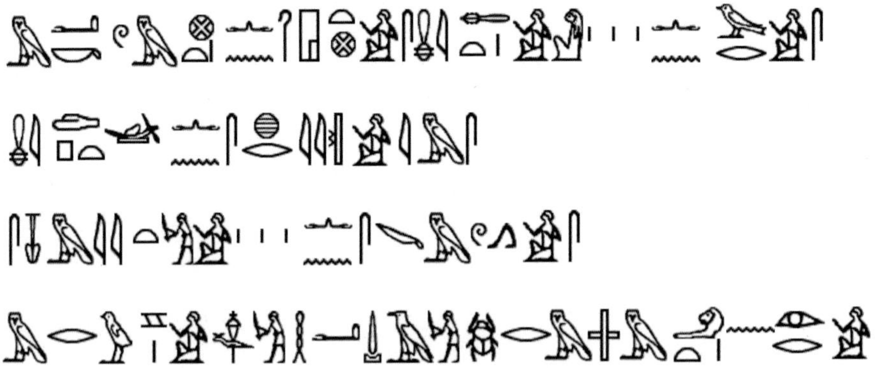

圖 82：供奉神靈 莎草紙畫－作者自藏

「阿赫摩斯自傳碑銘」(Admiral Ahmose Tomb Inscription)

這是第十七、十八王朝間水師將領阿赫摩斯的墓誌碑銘自傳，阿赫摩斯其父阿巴納為第十七王朝最後一位法老時代的軍人，後來子承父業，繼續襄助第十八王朝開創法老阿赫摩斯 (與本故事主人翁同名) 南征北討，除參與驅逐北方西克索人戰爭外，也協助平定南方的努比亞。

其因戰功彪炳，晚年也曾擔任家鄉的父母官，並葬於該地，而其家鄉就是古埃及史上極為重要的城市 (Nekhen；即 Hierakonpolis；希拉康波里 / 鷹城)。

圖 83：孟斐斯 拉美西斯二世巨像舊相片 – 圖片來源 Wikimedia Commons Public Domain

阿赫摩斯自傳碑銘之所以著名，最主要即在於它的史料價值，因為它恰好見證了西克索人被驅逐、第二中間期過渡新王國時期的歷史。學者亦謂此類以敘述軍功為主體的碑銘其實並不多見，實為古埃及軍事史最佳的參考資料之一 [57]。

其中部分描述頗為生動寫實，讓人彷彿親歷戰場，茲參考蒲慕州教授的研究，例示如次：

當我長大成家之後，長官將我調到「北方號」戰艦上，

鑒於我的勇敢行為，我亦步亦趨緊隨在君王身旁，

而當君王駕馳他的戰車，圍攻敵人都城阿瓦利斯（Avaris）時，我也英勇地隨伺在側，

之後我又被派到在「孟斐斯出巡號」戰艦上，

然後又在 Pa-Djedku 運河道惡門，

我斬殺一名敵人，並帶回手掌一隻，

當此軍功被報告到君王面前時，

我就得到黃金作為賞賜品。…（節錄聖書體文字並試譯之）[58]

圖 84：公羊大道 卡納克神廟 – 作者自攝

「古埃及愛情詩歌」(Ancient Egyptian Love Songs)

關關雎鳩，在河之洲。窈窕淑女，君子好逑。

美好的男女情愛，是不分古今中外的，古埃及人曾留下數量不少的愛情詩歌，有些留在陶片上，有部分則寫在莎草紙上，學者更認為至少西元前三千年就有愛情詩歌出現了，而雖然目前文獻中沒有發現樂譜，但搭配情詩載歌載舞似乎是可以想像的，甚至也有研究更認定古埃及墓室壁畫中常見的歡樂宴飲場面，就是這些愛情詩歌廣為傳播的途徑之一(59)。

圖 85：夜晚的路克索神廟－圖片來源 Wikimedia Commons Public Domain

此處節選一首簡單直白易懂的愛情詩歌，

我將會躺在我的房內，

繼續裝病，

鄰居們會來探望我，

而我的好妹妹也會一同來看我，

她來了，就令醫師困窘了，

她來了，我就百病全消。（節錄聖書體文字並試譯之）(60)

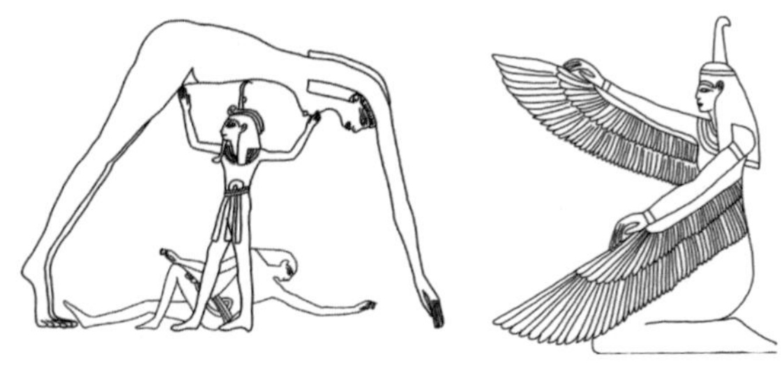

圖 86：淨身 莎草紙畫 – 作者自藏

「兩兄弟的故事」(Tale of the Two Brothers)

這是篇新王國時期帶有傳奇色彩的故事，當然，若以今日眼光來看，其中有些神話內容顯然是荒誕不羈的，而且故事所指摘的對象似乎也是意有所指，因為在本篇章中所描寫的女性，都是淫亂、說謊、背叛、謀殺等負面的角色，不過，這也可以一窺當時社會對女性的偏見程度，對古埃及的社會研究，增添不少佐證資料。

故事大意是圍繞在阿努比斯及巴塔兩兄弟的兄弟情，首先，主人翁巴塔與兄長阿努比斯及兄嫂住在一起，本來和樂融融，沒想到兄嫂卻覬覦年輕的小叔巴塔，某天竟上演類似潘金蓮與武松的狗血劇情，當兄嫂勾引未果後因懼怕東窗事發，惡人先告狀，反誣指被小叔侵犯，巴塔眼見誤會難解，索性自殘以明其清白，並離開兄長獨自流浪去了，阿努比斯後來明白真相後懊悔不已，除將說謊的妻子殺了，也無時無刻努力想要找回弟弟。

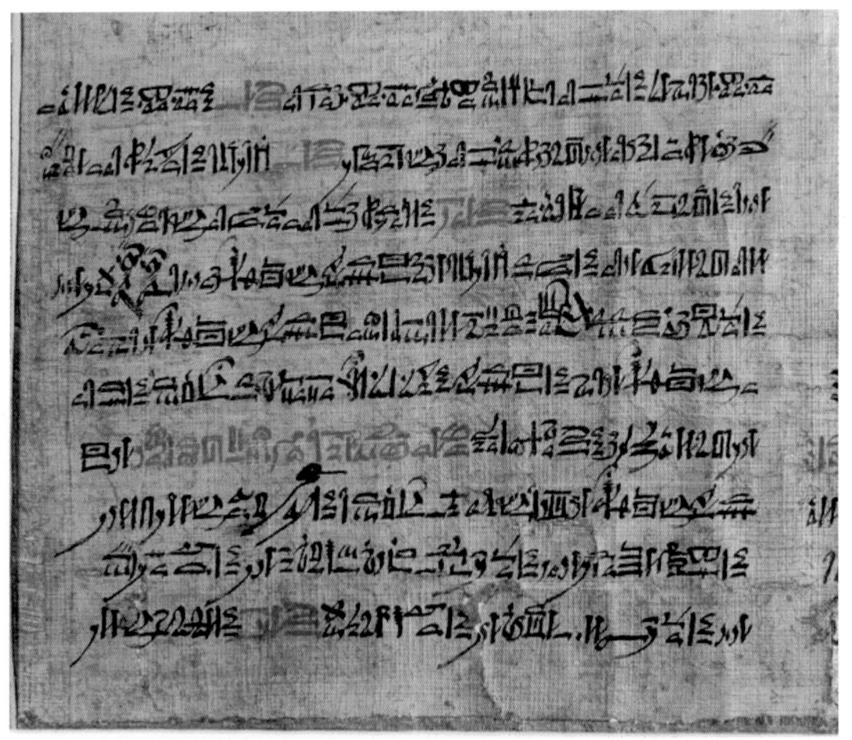

圖 87：兩兄弟的故事 莎草紙 – 圖片來源 Wikimedia Commons Public Domain

此時諸神眼見巴塔過於孤單，乃安排了一位美女來陪伴巴塔，本以為從此以後兩人可以過著幸福快樂的日子，卻因為巴塔新妻遇見法老後愛慕虛榮，而意圖謀害親夫 (看來神造之物也不怎麼樣嘛)，最後在兄長阿努比斯的協助下，完成復仇並用魔法而獲得王位繼承的圓滿結果…。

原來，現在八點檔的狗血情節，在幾千年前的古埃及就已上演，不過，最令我好奇的是最後一段話，頗有意思。

本文在財務書記 Qagabu , Hora , Meremapt 監督下完成，抄寫者為 Annana，此書的所有者。任何人若誹謗此書，托特神將會找他算帳。(節錄聖書體文字並試譯之) (61)

圖 88：Kom Ombo 神廟浮雕 – 作者自攝

「辛努海的故事」(The Story of Sinuhe)

這是古埃及最最知名的文學作品，雖然成書年代應是中王國時期，但鑑於其經典價值，後世不斷地傳抄，甚至當作埃及人學習古埃及文字與文學的習作範本(類似中國的《三字經》、《千字文》)，所以莎草紙、陶片等均為其載體，它也可能是目前世上所發現最古老的長篇小說故事之一，而現代人初步研習古埃及文時更是離不開它。

再者，本篇故事所描述場景的源頭，是一場發生在第十二王朝的宮廷政變，而此一政變又恰好與另一個著名文學作品「阿蒙涅姆赫特一世的教諭」(Instructions of Amenemhat，此文是以法老阿蒙涅姆赫特一世死後回來告誡其子的語氣寫成，文中處處例舉人性醜惡，例如告誡不要信任兄弟朋友臣子、因為這些你所信任的人會利用你的良善來背叛你…等，觀點頗耐人尋味)相互關連，所以，此一歷史事件及這兩個故事的真實性，一直為後世研究者所津津樂道。

圖 90：Amenemhat I 浮雕－圖片來源 Wikimedia Commons Public Domain

圖 89：Khnumhotep II 陵墓壁畫 貝尼哈桑
圖片來源 Wikimedia Commons Public Domain

辛努海 (或譯為西努赫) 本是第十二王朝阿蒙涅姆赫特一世的大臣，在一次偶然中得知宮廷的一場政變的消息——君王阿蒙涅姆赫特一世遭受謀殺，與其一起「共治」的另位君王塞索斯特里斯一世 (或申無施爾一世 / 辛努塞爾特一世 Sesostris I/Senwosret I/Senusret I；即阿蒙涅姆赫特一世之子) 於是迅速返回京師平亂。

不知是否怕被政變無端牽連，還是確實涉嫌謀殺案，總之，辛努海旋即逃離了埃及，來到亞洲定居並結婚生子，多年之後年歲已長，落葉歸根的念頭不斷湧現，因為死也要死在故土上，於是辛努海寫信向塞索斯特里斯一世負荊請罪，並表明自己想要返回埃及，沒想到塞索斯特里斯一世不僅沒有怪罪於他，更誠摯邀請他回國頤養天年…。

辛努海默默祈禱：

無論是哪一位神靈為我安排了這一次旅程，願您滿足，望您垂憐，讓我可以回家吧！(節錄聖書體文字並試譯之) [(62)]

圖91：供奉神靈 莎草紙畫－作者自藏

「一個人與他靈魂的爭辯(對話)」
(The Debate between a Man and His Soul)

在古代社會,或許沒有其他任何民族,像古埃及人對死後世界研究的這麼透徹,但這也讓人誤以為古埃及人重死輕生,只在乎來世而不著眼於今生,其實這是不盡然的,古埃及人還是很看重今生今世的,這可以從本篇內容窺知一二。

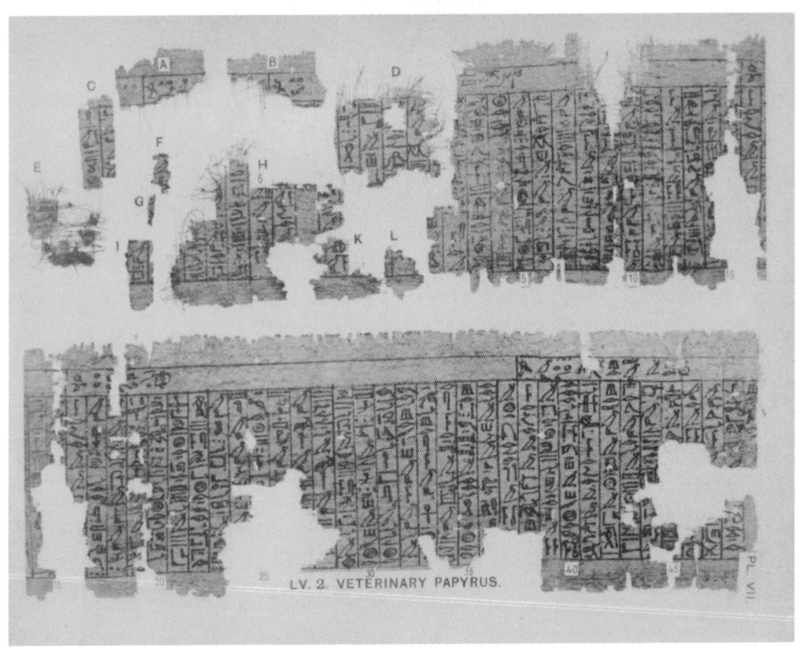

圖 92:Kahun 莎草紙 – 圖片來源 Wikimedia Commons Public Domain

「一個人與他靈魂的爭辯」,成書約在第十二王朝,描寫在經歷過社會動盪的第一中間期後,人們對於死後世界的看法,主人翁認為既然此生多災多難這麼糟糕,而來世那麼美好,何不乾脆儘早求死以進入來世,但他的靈魂則與他對話,勸他放棄這個傻念頭,除說明死後世界也是很苦的、應好好享受今世的美好外,更威脅若他一心求死就要離開他。

最後,在靈魂的苦口婆心下,盡力的說服了主人翁嗎?

厭世的想法與近似心理醫生的療癒輔導,這是一個頗為有趣的話題,也是一篇另類的勸世文。

茲節選部分對話如次：

今天我還能向誰訴說呢？人心如此貪婪，根本沒有任何人值得信賴。

今天我還能向誰訴說呢？世上已無正直可言，全部都是些幹盡壞事的傢伙。

我的靈魂對我說：

把你的抱怨拋開，我的本體，我的好兄弟，在祭壇獻祭，為了今生而努力奮鬥…（節錄聖書體文字並試譯之）[63]

圖 93：卡納克神廟一隅 – 作者自攝

「普塔荷太普教諭」（或普塔霍特普教諭）

在古代埃及，類似中國傳統社會中，教忠教孝的道德傳承訓示並不少見，這對古埃及政治與社會穩定起了一定的功效，或多或少避免了「君不君、臣不臣、父不父，子不子」的價值觀顛覆。這類傳統倫理道德的訓示，一般稱之為教諭（或箴言），屬於智慧文學的一種，其中部分內容，即便是時至今日，也是絲毫不落伍，更是放諸四海而皆準的，甚至也有人認為它們對於後來的舊約聖經等宗教文獻也有一定程度的影響。

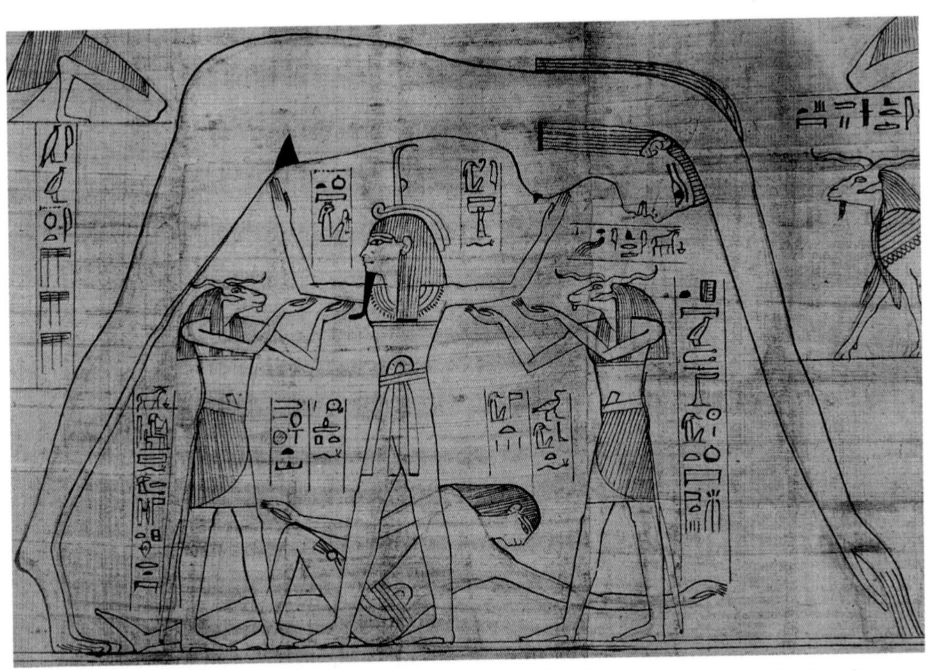

圖 94： Nesitanebtashru/Greenfield 莎草紙（忠實攝影複製品）– 圖片來源 Wikimedia Commons Public Domain

除了前曾提及的「阿蒙涅姆赫特一世的教諭」外，「普塔荷太普教諭」也是非常著名的古王國文獻，它是由三十多篇的箴言式文句所組成，內容是主人翁宰相普塔荷太普對其子，以父親訓誡兒子的口吻指導領導者該有的格局及待人處世的道理。個人認為它除了是傳統價值的傳承外，也是廣義帝王學的基礎學習範本。

茲節選部分內容如次：

不要自恃你擁有智慧而驕傲，智者與愚者你都應該要請教。

（類似古代中國《潛夫論》《資治通鑑》的「兼聽則明、偏信則暗」概念）

一步一腳印，正直的人長存…（節錄聖書體文字並試譯之）(64)

圖 95：斷裂的方尖碑 卡納克神廟 – 作者自攝

「赫卡納赫特書信」(The Heqanakht's Letters and Accounts)

古埃及法老時代曾經歷過幾次的分裂動盪時期，例如在古 / 中 / 新王國之間的中間期，在這些王權弱化群雄割據的年代，若因戰亂及政權更迭又適逢尼羅河氾濫失調，往往就會造成農作欠收，甚至導致飢荒與人民動亂。關於描寫飢荒與人民起義反動的文獻甚多，這些都是見證古埃及社會變遷課題的最佳史料，其中有部分內容描述得栩栩如生，彷彿讓歷史場景還原，這裡介紹的「赫卡納赫特書信」(或赫卡那克特書信)，就是典型的佳作之一。

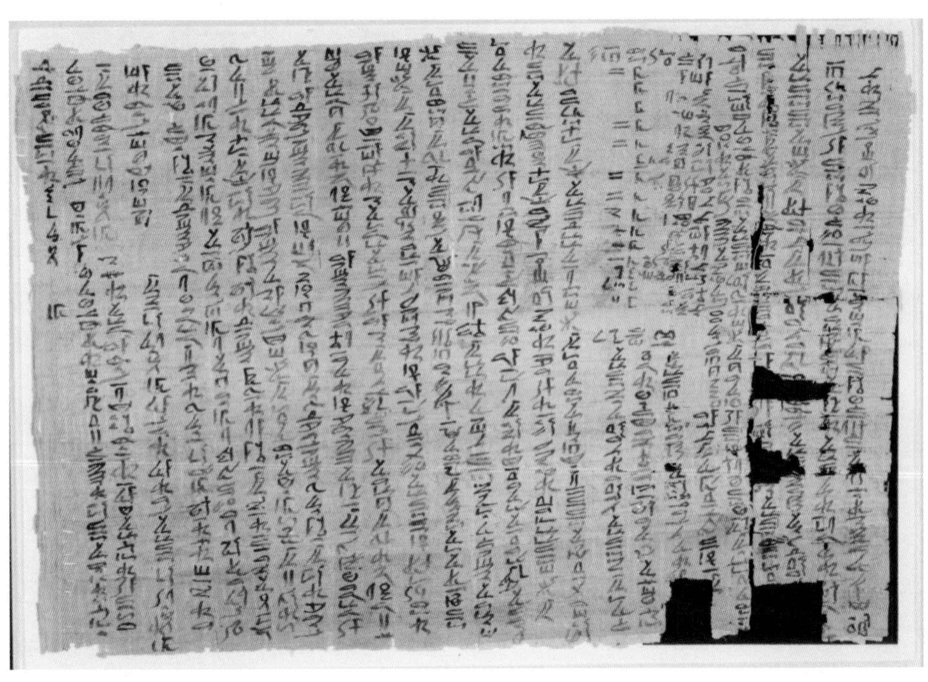

圖 96：Heqanakht's Letter II– 圖片來源 美國紐約大都會博物館 Public Domain

「赫卡納赫特書信」源自於赫卡納赫特莎草紙殘片，相關文獻是美國大都會博物館埃及探險隊在 1920 年代於底比斯發掘所得，其中第二書信中載有這麼一段話，頗為生動有趣，讓適逢飢荒期間到外地辦事又心繫一家老小的主人翁，愛碎碎念苦口婆心的個性躍然紙上，讓我們彷彿親歷現場。

茲節選這些家書部分內容如次：

你們別再生氣抱怨了，我待你們就像自己的小孩，每件事都幫你們安排好好的，

要知道，擁有一半生命總比全部都死亡更好（隱喻好死不如賴活著），

真正經歷飢荒才能體會飢荒之苦，

你們知道嗎？我這裡有人已經開始吃人了，

沒人像你們這麼幸福呢，勤奮地工作等我回來吧！我也會在這裡度過…（節錄聖書體文字並試譯之）[65]

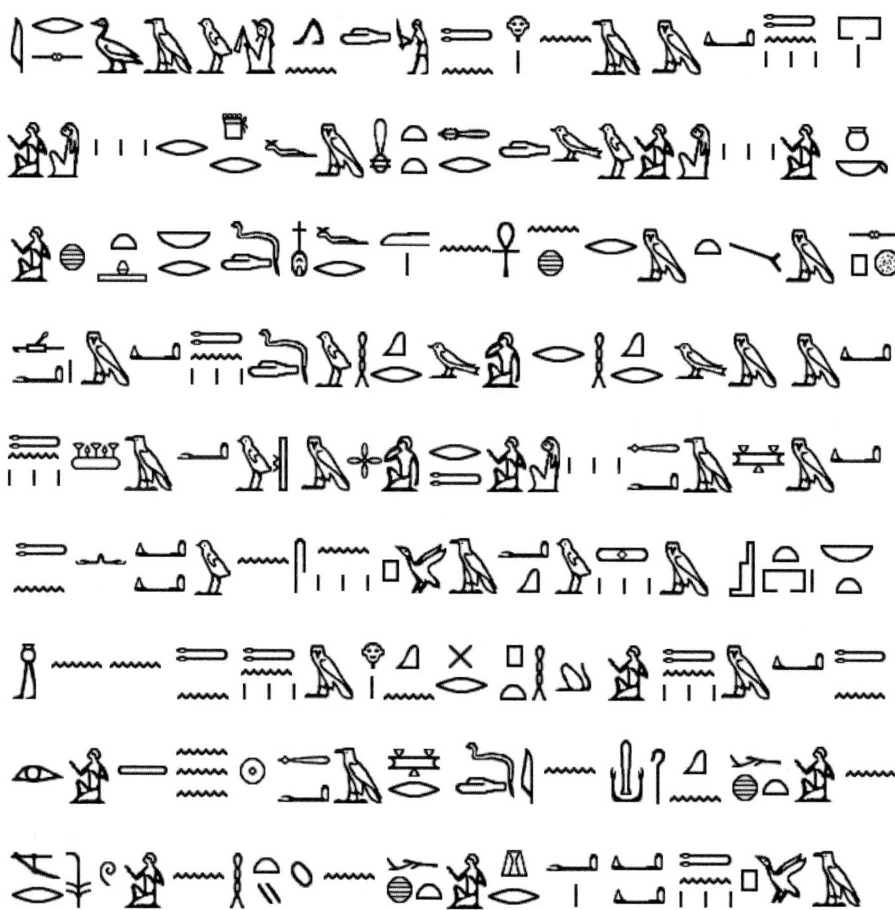

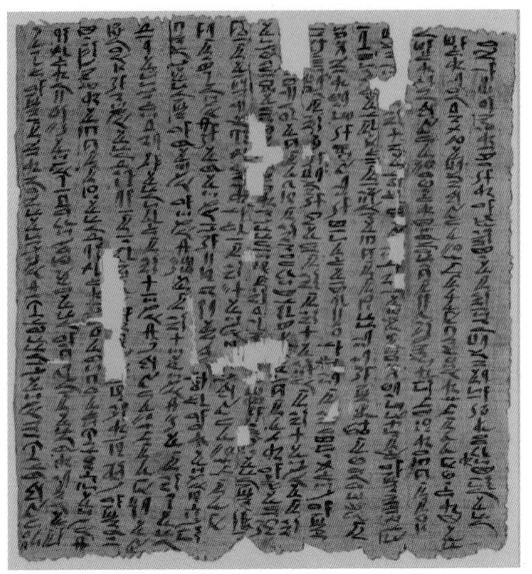

圖 97：Heqanakht's Letter I
圖片來源 美國紐約大都會博物館 Public Domain

圖 98：供奉神靈 莎草紙畫 – 作者自藏

第八章　古埃及文物世界博物館巡禮

「開羅埃及博物館」(Egyptian Museum / Museum of Cairo)

★ 必看經典文物簡介 (66) (* 文物巡禮與點描部分，是筆者實際參觀展覽或閱覽參展圖錄與相關資料後的心得摘要)

❖ 圖坦卡門黃金面具

約高 54 公分、寬 39 公分、重 11 公斤，由黃金、青金石、瑪瑙、石英、黑曜石、綠松石，玻璃漿…等組成。新王國時期。路克索帝王谷發現。

圖坦卡門額頭配戴禿鷲及神蛇，代替皇冠的尼美斯頭巾橫向條紋則由青金石或仿青金石之藍色玻璃漿製作，眼睛是石英及黑曜石，背部及肩膀則寫滿亡靈書部分章節的聖書體文字。面部容貌年輕且俊秀，是古埃及非常理想化的法老形象。

❖Rahotep / Nofret 王子夫妻雕像

約高 121 公分，石灰岩上色。古王國時期。美杜姆 (Maydum) 發現。

夫妻倆端坐目視正前方，石英及雪花石膏做成眼睛，炯炯有神，Rahotep 王子皮膚為棕色 / 磚紅色，顯示強健的體魄，Nofret 妻子身上有一披風，頭上戴著厚重假髮，身上的輕薄衣物襯托出含蓄性感的視覺效果。

圖 99：Rahotep & Nofret 王子夫妻雕像 埃及開羅博物館－作者自攝

❖ 阿蒙霍特普三世群組巨像

約高 700 公分，石灰岩。新王國時期。路克索發現。

目前坐落博物館大廳，原本位於底比斯西岸阿蒙霍特普三世神廟內，被發現時為破碎的殘塊，之後於博物館重新組裝。法老身旁為皇后泰伊，戴著三分式假髮，寶座前方則為兩位公主小雕像。

❖ 那爾邁調色板 (Narmer's Tablet/Palette)

約高 64 公分、寬 42 公分。零王朝早王朝時期。希拉康坡里發現。

目前通說認為調色板上的那爾邁即為零王朝統一上下埃及的君王，描繪的是戰爭後視察被斬的敵人屍首等場面，其中君王一手捉住敵人頭髮，一手持棍棒意欲打擊敵人的圖像，是貫穿埃及三千年法老時期非常典型的形象之一。

圖 100：那爾邁調色板（忠實攝影複製品）– 圖片來源 Wikimedia Commons Public Domain

❖ 孟圖霍特普二世雕像

約高 138 公分，砂岩上色。中王國時期。戴爾巴哈里 (Deir el Bahari) 發現。

度過第一中間期後，孟圖霍特普二世終於又統一了埃及，此雕像頭戴下埃及紅冠，假鬍鬚前端微微上翹，身體又被塗成黑色且雙手交叉在胸前，有謂暗指冥神奧西里斯形象，但也研究認為他有可能是位黑人。

圖 101：孟圖霍特普二世雕像 埃及開羅博物館 – 作者自攝

❖ 膜拜阿吞神浮雕片

約高 53 公分、寬 48 公分、縱深 8 公分，石灰岩上色。新王國時期。阿瑪納遺址發現。

石片上是阿肯那頓及納芙蒂蒂夫妻與其女兒們膜拜阿吞神的場面，代表阿吞神的太陽圓盤放射出施捨恩惠的光束，前緣還有小觸手，是典型的阿瑪納時期的敬拜畫面與藝術風格。有研究認為此類型對於人物的刻畫雖然具有高度藝術價值，但不見得是真實人物的體現。

❖「村長」雕像

約高 112 公分，無花果木。古王國時期。薩卡拉 (Saqqara) 發現。

祭司 Ka-Aper 雕像，是相當難得能保存至今仍完好未腐爛的木雕，眼睛同樣由石英及黑曜石等組成，栩栩如生，而此雕像其中年大叔大腹便便的形象，更由於當年發掘時工人的一句無心話語「咦！這不就是我們的村長嘛！」，更讓「村長」這名稱深植人心。

圖 102：「村長」雕像 埃及開羅博物館 – 作者自攝

❖ 卡夫拉雕像

約高 168 公分，閃長岩。古王國時期。吉薩高原發現。

除了吉薩的第二大高金字塔與人面獅身像外，關於卡夫拉的塑像就以這尊最著名。鷹神荷魯斯張開雙翅護住雕像頭部，展現了埃及法老具有神與人雙重屬性的特徵，研究也認為這雕像素材選擇得宜，因為綠色閃長岩光滑的表面，讓閃閃發亮的光線猶如法老神性的光澤展現。

圖 103：卡夫拉雕像 埃及開羅博物館 – 作者自攝

❖ 阿肯那頓巨像

約高 239 公分，砂岩。新王國時期。路克索卡納克神廟發現。

這些巨像殘塊，是出自阿肯那頓遷都前在卡納克神廟附近為阿吞神建造的神廟遺存，此雕像臉部消瘦塌陷，杏仁眼，長下巴，肩部窄小，腹部隆起，臀部寬大，有明顯女性特徵，也是異教法老阿肯那頓最為人所熟知的鮮明形象。

❖「古埃及武則天」哈特謝普蘇特女王頭像

約高 61 公分，石灰岩上色。新王國時期。戴爾巴哈里 (Deir el Bahari) 發現。

此頭像本為哈特謝普蘇特女王祭廟中一尊奧西里斯模式巨像的一部分，雖配戴假鬍鬚等法老器物，但面貌清秀淡雅，仍難脫女性化特徵。雖然部分研究者認定，由於她的強勢攝政導致圖特摩斯三世登基後刻意全面抹去她曾經存在過的各種痕跡，但雄偉大器的祭廟、高聳的方尖碑及俊美的女王頭像仍舊保留了下來。

圖 104：哈特謝普蘇特女王頭像 埃及開羅博物館 – 作者自攝

❖ 法尤姆 (Faiyum) 蠟版畫像

約高 42 公分、寬 23 公分，木頭。羅馬統治時期。法尤姆發現。

羅馬統治時期，流行一種木質畫像，特別是在法尤姆地區，所以被泛稱為法尤姆畫像，這種畫像常被塞入木乃伊的繃帶間隙或裹屍布上與往生者臉部相對應的部位，顯見羅馬人偏愛肖像寫實風格，也迥異於古埃及人理想化格式化的肖像特徵。

圖 105：羅馬時期裹屍布殘片
圖片來源 美國紐約大都會博物館
Public Domain

❖ 帕卡爾 (Pakhar) 棺木

約高 189 公分、寬 59 公分，木頭上色。第三中間期。戴爾巴哈里 (Deir el Bahari) 發現。

西元 1891 年戴爾巴哈里發現 Horse Door 墓葬，讓考古學家可以更深入地研究第二十一王朝文化，該墓內有 Menkheperre 時期以來的 153 尊阿蒙神祭司木棺，由於數量龐大，埃及政府更將它們分送世界各大博物館收藏。木棺彩繪精美，與華人社會棺木的陰森恰好成為對比。

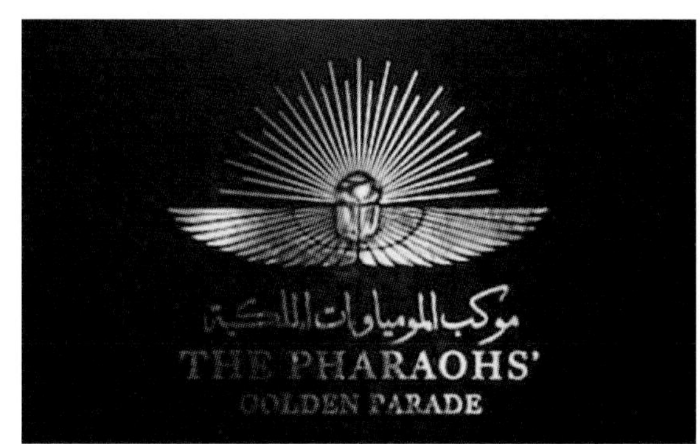

圖 106：Pharaohs Golden Parade 2021 年法老大遊行活動 logo
圖片來源 Wikimedia Commons Public Domain

❖ 拉美西斯二世木乃伊 (現已遷移)

新王國時期。戴爾巴哈里 (Deir el Bahari) 發現。

開羅埃及博物館內有個館中之館，專門展示歷代帝王的木乃伊，雖需另外購票入內，但大批遊客仍然絡繹不絕地來瞻仰這些權傾一時法老們的尊容，其中，拉美西斯二世更是大名鼎鼎，上世紀七零年代，該木乃伊曾運往法國「進廠維護」，為此還特別辦了一張現代護照。

圖 107：巴肯穆特亡靈書 – 圖片來源 美國俄亥俄州克利夫蘭藝術博物館 CC0

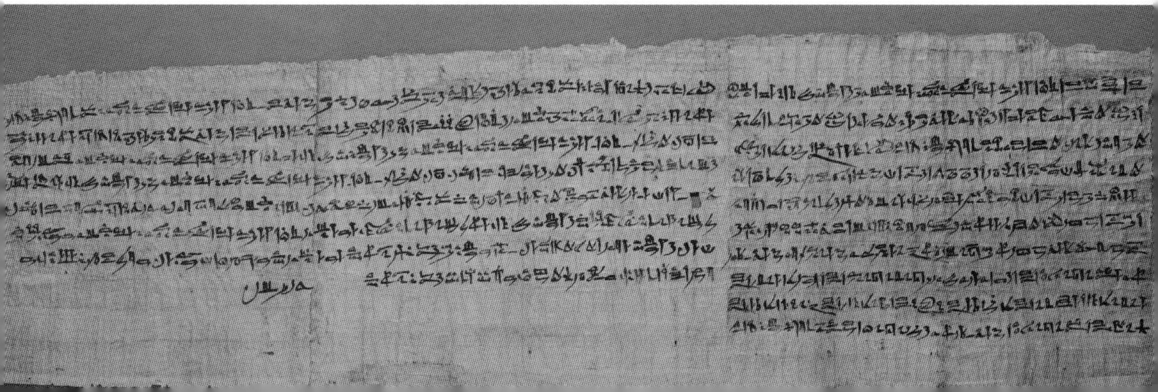

❖ 埃及長矛盾牌兵與努比亞弓箭手行軍模型

約高 55-59 公分、寬 62-72 公分、長 169-190 公分，木頭上色。第一中間期。Assyut 發現。

古埃及人嚮往來生，也希望有人保護以通往來世的旅途，所以帝王家偶爾也會製作行軍模型來護衛，Mesehti 王子墓中的埃及長矛盾牌兵與努比亞弓箭手行軍模型就是箇中翹楚，其鮮明的形象也為古代軍事史，提供了最佳的佐證史料。

❖ 孟卡拉三套三人組雕像

約高 92-95 公分，灰綠色片岩。古王國時期。吉薩高原發現。

三套雕塑中，孟卡拉都位居中間，法老右邊是哈托爾女神，左邊則是不同的地方神祇，透過打磨技術與精湛的工藝，即便風格與構圖較為僵硬死板，但輕薄衣物之美感與健美體型之力感仍是一覽無遺，是另類的「曹衣出水」。

圖 108：古埃及的曆法 Kom Ombo 神廟 – 作者自攝

❖ 左塞王雕像

約高 142 公分，石灰岩上色。古王國時期。薩卡拉 (Saqqara) 發現。

除了階梯金字塔外，左塞王最知名的就是這尊雕像，它也是古埃及現存最早真人尺寸大小的法老雕像，巨大的御座與法老身軀都是由一整塊石頭雕刻一氣呵成，雖然面部因年代久遠而有所毀壞，但其所展現的威嚴與莊重感，卻仍舊給人莫大的震憾。

❖ 侏儒塞尼布 (Seneb) 與家人群組雕像

約高 43 公分、寬 22 公分，石灰岩上色。古王國時期。吉薩高原發現。

描述侏儒的古埃及文獻並不少見，但這組侏儒家族雕像仍是高度工藝技巧的展現。透過視覺修整的布局，塞尼布盤腿的坐姿已完全掩飾其身體缺陷，而其妻子深情挽住丈夫及小孩童趣式的摀嘴畫面，全家和樂融融的影像更是貼心巧思的體現。

圖 109：侏儒塞尼布與家人群組雕像 埃及開羅博物館－作者自攝

❖ 美杜姆鵝的畫像

約高 27 公分、寬 172 公分，石灰岩上色。古王國時期。美杜姆 (Maydum) 發現。

古埃及人對鳥類動物的觀察，向來是首屈一指，這也難怪聖書體文字會被戲稱為「鳥的文字」、而古王國的這六隻鵝，用色技巧精湛，即便是四千五百年後觀賞，也會大為讚嘆，研究也認為描繪動物場景雖不少見，但鮮少有能達到這幅畫作的藝術水平。

圖 110：美杜姆鵝的畫像 埃及開羅博物館 – 作者自攝

❖Auibra-Hor「卡」的雕像

約高 170 公分，木頭、金箔、半寶石等。中王國時期。達舒爾 (Dashur) 發現。

古埃及人將「卡」及「巴」認為是重要靈魂的展現，為了讓往生者在另一世界能繼續生活，提供木乃伊的「卡」必備食物讓其享用是必要的，因為「卡」就是生命力的象徵。此雕像頭部上方高舉的雙臂形象，就是聖書體文字中的「卡」字。

圖 111：Auibra-Hor「卡」的雕像 埃及開羅博物館 – 作者自攝

❖ 阿蒙涅姆赫特三世金字塔頂石

約高 140 公分、寬 185 公分，玄武岩。中王國時期。達舒爾 (Dashur) 發現。

金字塔頂石，又稱為奔奔石 (Benben)，就是古埃及赫利奧波里斯 (Heliopolis) 創世神話中的原始之丘。相傳太初時期，世界是一片混沌之水，之後出現了原始之丘，創世主建構了九神 / 九柱神 (Ennead) 神話體系。這塊奔奔石製作精美，上面也刻有淺浮雕及聖書體銘文，以讚頌太陽神之偉大。

圖 112：奔奔石 埃及開羅博物館－作者自攝

❖ 圖坦卡門寶（御）座

約高 102 公分、長 54 公分、寬 60 公分，由金箔、木頭、半寶石、玻璃漿…等組成。新王國時期。路克索帝王谷發現。

圖坦卡門寶座華麗精美，讓考古學家發現時就忍不住宣稱這是最美的埃及文物之一。為彰顯帝王風範，御座四椅腳均製成獅子的形象，而椅背上圖坦卡門夫妻鶼鰈情深的畫面，相較於二人之後無言的結局，也是令人不勝唏噓。

圖 113：圖坦卡門御座 埃及開羅博物館 – 作者自攝

❖ 普薩塞尼斯一世 (Psusennes I) 黃金面具

約高 48 公分、寬 48 公分，由黃金、青金石、玻璃漿…等組成。第三中間期。塔尼斯發現。

這個墓葬的發現，由於是在二戰期間，其受到的關愛眼神，與圖坦卡門著實不可同日而語，雖然出土文物不少，但學者認為無論是品質、用料與工藝，都算不上頂尖之作，顯見古埃及文化與財富發展，至此已逐漸江河日下。

圖 114：眾神 莎草紙畫 – 作者自藏

「英國大英博物館」(The British Museum)

★ 必看經典文物簡介 [67]

❖ 羅塞塔石碑

約高 114 公分、寬 72 公分、厚 27 公分，花崗岩。托勒密時期。羅塞塔城發現。

原本為拿破崙遠征埃及的戰利品 (開羅埃及博物館現僅存圖片)，卻成為英王喬治三世的「珍寶」，儘管如此，這份分別以聖書體、世俗體及希臘文字所撰寫的詔令，終究成為日後古埃及文破譯的關鍵鑰匙，其對埃及學的貢獻，是再怎麼給予最高評價都不為過的。

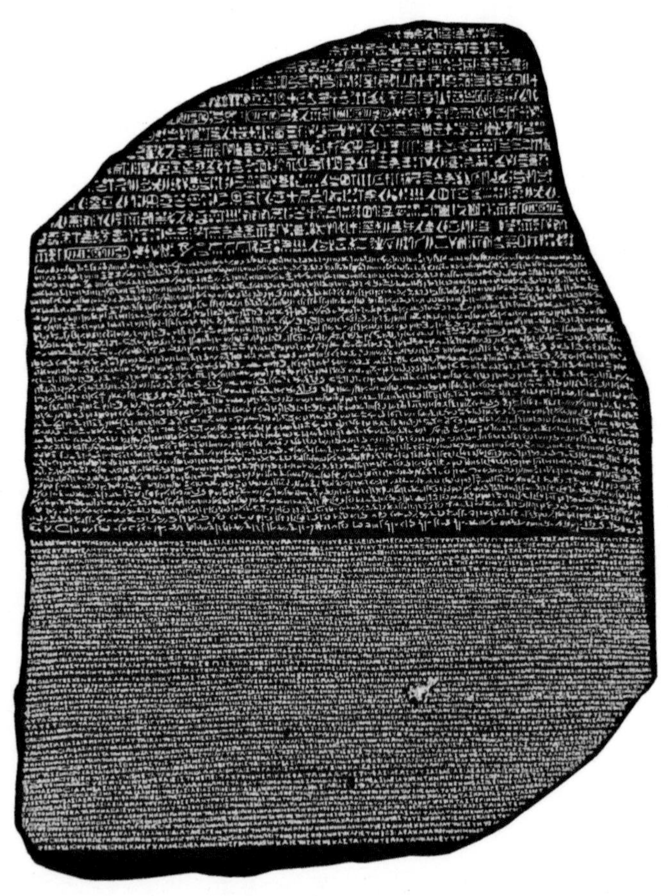

圖 115：羅塞塔石碑 (Source: European Space Agency)
圖片來源 Wikimedia Commons Public Domain

❖ 涅巴蒙 (Nebamun) 墓室「捕鳥圖」壁畫

約高 83 公分、寬 98 公分，塗有灰泥的石灰岩。新王國時期。路克索發現。

壁畫中，主人翁涅巴蒙站在竹筏上手持捕鳥器具，妻女則隨侍在側，畫面的構圖看似雜亂卻隱含古埃及人的生活秩序，用色也是大膽鮮艷，是墓室壁畫的佳作。至於是否真如部分研究所言，妻子手持蓮花的裝束與香蠟假髮，有強烈性暗示的意味，就看客倌們怎麼看囉！

圖 116：涅巴蒙墓室壁畫（Source: The Open University）– 圖片來源 Wikimedia Commons Public Domain

❖ 涅巴蒙 (Nebamun) 墓室「宴會圖」壁畫

約高 88 公分、寬 119 公分，塗有灰泥的石灰岩。新王國時期。路克索發現。

涅巴蒙是負責管理糧食的官員，宴會壁畫中生動地描寫了物產豐收、酒足飯飽、夜夜笙歌的場景，無論是載歌載舞的裸女舞者，還是吹彈樂器的樂師，都刻畫得相當精巧有趣，其中甚至還有古埃及壁畫中罕見的人物完全正面片段，頗為珍貴。

圖 117：路克索神廟一隅 – 作者自攝

❖ 拉美西斯二世半身巨像

約高 267 公分、重 7 公噸，花崗岩。新王國時期。路克索發現。

貝爾佐尼對古埃及文物的發現與破壞，其功過後世實難公允評價，就像這個半身巨像，就是被他雇用工人硬生生地拖回英國。”Younger Memnon”，這個古希臘神話中的英雄，就是這尊巨像初期的別名，因為在那個「歐洲中心論」的帝國主義年代，多以希臘羅馬規範來評價世界各地的藝術品，頗感無奈吧！

❖ 阿尼莎草紙

約高 42 公分、長 24 公尺，莎草紙。新王國時期。Wallis Budge 購得。

若要論埃及「亡靈書」的知名度，阿尼紙草若稱第二，可能無人敢稱第一，因為它的篇章甚為完整，且保存的非常完善，它的早期研究者也是發現者巴奇，目前廣被埃及學界所貶抑，若不論其著作翻譯精確與否、或是否背負掠奪文物的惡名，光論「充實」博物館的古埃及文物館藏量，他還算居功厥偉的。

❖**Hornedjtyitif** 棺木

約高 194 公分、寬 60 公分，木頭。托勒密時期。路克索發現。

Hornedjtyitif 是托勒密三世時卡納克神廟的阿蒙神祭司，棺木內側有透過天空女神努特 (Nut) 飛向來世的精美彩繪，雖然很多埃及人形棺都有類似的畫面，但它的精細度還是帶給參觀者很大的心理震撼，就像有學者打趣地說，西方很多學者之所以走上研究埃及學之路，就是因為小時候參觀博物館時被木乃伊、人形棺等埃及文物所影響 [(68)]。

❖ 蘭德數學莎草紙

約長 32 公分、寬 119-295 公分，莎草紙。第二中間期。路克索發現。

這是古埃及流傳下來最知名的莎草紙數學文獻，因取得者蘭德 (Rhind) 律師而命名，原長約五米，已分成三片，大英博物館保存其中兩片，其上記載了八十多道數學問題，包含計算三角形面積…等等，喜歡燒腦的古文明看倌不妨來試試。

❖**Nestanebetisheru** 莎草紙

約長 93 公分、寬 53 公分，莎草紙。第三中間期。路克索發現。

這是關於古埃及人宇宙觀最鮮明的一張圖畫，上面描繪的是天空女神努特 (Nut) 與大地之神蓋伯 (Geb) 原本兄妹間摟得難分難解，卻硬生生被父親空氣之神舒 (Shu) 給分開，遂演變成天地與蒼穹，這個畫面極為精彩，我們也深深被古埃及人的創世智慧所折服。

❖ 貓女神貝斯特 (Bastet) 青銅像

約高 42 公分、寬 13 公分，青銅雕塑。晚王國時期。薩卡拉 (Saqqara) 發現。

遠在還沒有文字的時代，古埃及農民便已開始眷養野貓了，之後貓咪逐漸變成獻給女神貝斯特的動物，希望它能賜福予獻祭者，這種崇拜到了晚王國時其最為狂熱，甚至也常有貓的木乃伊被發現。這尊擁有黃金耳環、黃金鼻環的青銅雕像，工藝相當精湛。

圖 118：貓女神貝斯特雕像 – 圖片來源 美國紐約大都會博物館 Public Domain

❖ 阿蒙霍特普三世頭像

約高 23 公分、寬 16 公分，石英岩。新王國時期。路克索發現。

阿蒙霍特普三世是新王國的全盛時期法老，其雕像很多博物館都有保存，即便是大英博物館，也有好幾尊大小不一的雕像，不過這尊眼嘴較為傾斜，略像外星人的頭像，倒是非常特別，有研究認為這是刻意以偏向年輕、略帶愉悅的外觀，藉以展現這位帝國法老樂觀積極的形象。

❖ 塞索斯特里斯三世雕像

約高 122 公分，黑色花崗岩。中王國時期。戴爾巴哈里 (Deir el Bahari) 發現。

塞索斯特里斯 (或申無施爾 / 辛努塞爾特) 三世的這三尊雕像，是罕見的寫實風格，有別於古埃及理想化格式化的一般特徵，可以明顯看出這是一位時時刻刻操心國家大事，憂國憂民的勤政法老，純熟工藝令人佩服。

圖 119：夕陽時刻的路克索神廟 - 作者自攝

❖ 安海的莎草紙

約高 46 公分、長 69 公分，莎草紙。新王國時期。路克索發現。

學者認為安海應是為阿蒙神廟的女祭司或女歌者，在數片紙草中，除了幾段「亡靈書」章節外，也有「門之書」中原初之水努恩神 (Nun) 將太陽船高舉象徵每日太陽重生的畫面。此外，安海的薄紗幾近透明，給人無限遐想，也是許多論者的話題所在。

❖ 狒狒雕像

約高 68 公分，石英岩。中王國時期。John Barker 收藏。

狒狒在古埃及常被賦予多種形象，首先是太陽神，因為它常在日出時尖叫，其次，是荷魯斯的兒子 Hapy，最後，則是最為人所知的智慧之神托特 (Thoth)。阿蒙霍特普三世曾在赫摩波里 (Hermopolis) 建造四尊狒狒巨像，因為這裡是古埃及托特神的崇拜中心。

❖ 玻璃魚瓶

約高 14 公分，玻璃。新王國時期。阿瑪納遺址發現。

玻璃的相關技藝，在古代世界中，古埃及人絕對是佼佼者，就像這件作品，是以深藍色的玻璃當作基礎，再搭配其他顏色的玻璃所製成，遠看還頗像熱帶魚「Nemo」。它在阿瑪納遺址被發現，屬於家庭器具，應該是用來盛裝珍貴化妝品或精油的物品。

❖ 護身符組

約高 23 公分，彩陶。晚王國時期。蘇丹 Gebel Barkal 發現。

古埃及的護身符很多，例如伊西斯結、聖甲蟲…等，不過，這個作品結合包含代表賜與生命的安卡(安赫)、代表統治權力的權杖、與代表穩定繁榮的杰德柱，三位一體的設計確實較為罕見。現今蘇丹的 Gebel Barkal，是古庫施王朝(或庫什 Kush) 的宗教重鎮。

圖 120：埃德富 荷魯斯神廟浮雕 – 作者自攝

❖Senenmut 抱公主雕像

約高 72 公分，花崗閃長岩。新王國時期。路克索發現。

Senenmut 原是圖特摩斯一世及二世的官員，後來在哈特謝普蘇特時代，他則擔任她的寵臣，更擔當公主 Neferure 的家庭教師。他抱著公主的畫面，向來也都是各類雕塑的常見主題，所以，他與女王哈特謝普蘇特的八卦會被傳得如此沸沸揚揚，或許也不算冤枉他了。

圖 121：仕女圖 莎草紙畫 – 作者自藏

「美國紐約大都會博物館」(Metropolitan Museum of Art in New York)

★ 必看經典文物簡介 [69]

❖ 丹杜爾神廟 (Temple of Dendur)

神廟通道長約 25 公尺，砂岩。羅馬統治時期。原建於第一大瀑布南方。

1960 年代，埃及修建亞斯文 (或阿斯旺) 水壩，多國協助其搬遷遺址及文物以避免淹沒於水底，美國也是出錢出力，最後埃及政府索性將羅馬統治時期祭祀伊西斯女神 (Isis) 的神廟遺跡，「整間」送給美國，這也是埃及境外僅存之完整的埃及古神廟，博物館足足用了兩層樓的大空間來容納這「重新組合物」，其實，它就是古埃及神廟簡化版。

↓ 圖 122：丹杜爾神廟
圖片來源 美國紐約大都會博物館 Public Domain

❖ 塞索斯特里斯一世手持權杖雕像

約高 55 公分、寬 172 公分，石膏及木頭上色。中王國時期。Lisht 發現。

阿蒙涅姆赫特一世曾與其子塞索斯特里斯 (或申無施爾 / 辛努塞爾特) 一世共治，目的就是避免篡位奪權事件重演。法老手中的權杖，是由古代牧羊人所持的曲柄杖演進而來，而本尊雕像雖然不大，但身體肌肉線條也被刻畫得相當細緻。

❖ 弓箭手石灰岩彩繪浮雕

約高 25 公分、寬 37 公分，石灰岩上色。古王國時期。Lisht 發現。

古埃及人有個很特別的習慣，前人的建築往往會被後人拿來重新運用，即便是金字塔也不例外，這塊殘片便是阿蒙涅姆赫特一世的建築師擷取自前輩的金字塔浮雕殘塊重新用在新法老陵墓上的。弓箭手的面部表情、弓弦及羽毛都處理的很精緻。

❖Memisabu 夫妻雕像

約高 62 公分，石灰岩上色。古王國時期。Rogers Fund 所有。

古埃及人夫妻檔的雕像，數量不少，各大博物館或多或少都有收藏，雕像中的男性通常比例會大於女性，似乎也凸顯了男尊女卑的社會概況，這尊雕像組的主人翁 Memisabu 應是第五王朝的中階官員，妻子很制式地摟住丈夫的腰部，但丈夫卻極不自然地撫摸妻子的胸部，畫面甚是有趣。

❖ 農夫書信莎草紙 (A Farmer's Letter)

約高 27 公分、寬 41 公分，莎草紙。中王國時期。路克索發現。

紐約大都會博物館埃及探險隊發現的農夫書信莎草紙，其中就有前曾述及的「赫卡納赫特書信」部分，信件本為單純的家書，記錄的又多是流水帳式的瑣事，不過，一句「你們知道嗎？我這裡有人已經開始吃人了」，卻是語不驚人死不休，讓它聲名大噪。

圖 123：埃德富 荷魯斯神廟浮雕 – 作者自攝

❖ 哈特謝普蘇特女王座像

約高 195 公分，石灰岩上色。新王國時期。戴爾巴哈里 (Deir el Bahari) 發現。

眾人關切哈特謝普蘇特女王，總是圍繞在她是位篡權女霸王及圖特摩斯三世逆襲的劇碼，至於真相是否如此，就讓學者去傷腦筋吧！這尊座像中纖細的身軀、清秀淡雅臉龐的與尖瘦的下巴，是十足女人味的理想畫雕像，美中不足的是局部臉部毀損，留下近似怪醫黑傑克的傷疤。

❖ 塞索斯特里斯三世人面獅身雕像

約高 42 公分、長 73 公分，閃長岩。中王國時期。Edward S. Harkness 所贈。

塞索斯特里斯 (或申無施爾 / 辛努塞爾特) 三世的人面獅身雕像，是將來自努比亞採石場的一整塊岩石雕刻而成，工匠們總是將這位法老憂鬱的眼神忠實的呈現，可以這麼說，在世界各大博物館中，人臉辨識度最高的就是塞索斯特里斯三世了。

圖 124：塞索斯特里斯三世頭像
圖片來源 美國紐約大都會博物館 Public Domain

❖ 圖特摩斯三世王妃的涼鞋

約長 25 公分、寬 9 公分，黃金。新王國時期。Fletcher Fund 所有。

古埃及法老為了擴張政治版圖，往往與異國公主聯姻，此處收藏的這些涼鞋，就是圖特摩斯三世三位王妃的珍藏，尤其它們底部都有圖特摩斯三世專屬渦輪形紋飾，並且是精細地仿造真實的涼鞋，由金鉑切割而成，但研究普遍認為這些器物不具實用性，應該只是純粹用來裝飾的。

圖 125：黃金涼鞋
圖片來源 美國紐約大都會博物館 Public Domain

❖ 霍倫希布書吏坐像

約高 116 公分，灰花崗岩。新王國時期。Mr.& Mrs. V. Everit Macy 所贈。

霍倫希布 (或霍朗赫布 / 霍瑞賀伯) 本是圖坦卡門時期的將領，是否曾捲入與圖坦卡門、阿伊間的政治鬥爭，目前還是眾說紛紜，但終究是在他手上結束了第十八王朝。他的雕像較為罕見，此雕像為其早期文青樣的書吏盤腿座像，是否略顯稚嫩呢？

❖Mekutra 女僕木雕

約高 112 公分，木頭上色。中王國時期。Rogers Fund & Edward S. Harkness 所贈。

Mekutra 是孟圖霍特普二世及三世的官員，在他的墓葬中，有多件精緻的彩繪木雕，特別是木刻模型，這些主人翁生前所擁有的工廠、船隻、牛群、僕人們，都是縮小尺寸精細的保存原來態樣。此尊頭頂籮筐的女僕，被塑造的非常苗條纖細，模樣十分俏麗可人。

圖 126：頭頂籮筐的女僕 – 圖片來源 美國紐約大都會博物館 Public Domain

圖 127：狩獵圖 莎草紙畫 – 作者自藏

「法國羅浮宮博物館」(Louvre Museum)

★ 必看經典文物簡介 [70]

❖ 丹德拉黃道十二宮 / 黃道帶 **(Dendera Zodiac)** 浮雕

約高 255 公分、寬 253 公分，砂岩。羅馬統治時期。原位於丹德拉神廟。

原位於丹德拉神廟天花板上的黃道十二宮浮雕，1821 年被古董商給敲下，最後輾轉到了羅浮宮 (目前該神廟僅保存複製品)，此處暫且撇開帝國主義者與文物販子的卑劣粗暴，前曾提及，當時這些初次看到神廟浮雕的歐洲探險家，不時驚嘆「我們不是在一間神廟，我們是在科學與藝術的殿堂」，已為這座浮雕的精美與研究價值下了最好的註腳。

圖 128：丹德拉黃道十二宮浮雕 – 圖片來源 Wikimedia Commons Public Domain

❖ 書吏坐像

約高 53 公分，石灰岩、雪花石膏。古王國時期。薩卡拉 (Saqqara) 發現。

這是知名埃及學家馬里埃特 (Auguste Mariette) 所發現，雖然沒有署名，但名字推測應是 Kai。這座雕像的坐姿，是典型的古埃及書吏形象，短髮赤身，棕色的皮膚，盤腿而坐，膝上有待寫的莎草紙，雙目炯炯有神，充滿智慧的望著前方。書吏在古埃及地位不低，難怪俗諺云：若你懂得書寫，再也沒有比這更好的職業了⋯。

圖 129：書吏雕像 埃及開羅博物館 – 作者自攝

❖ 伊西斯哺乳青銅坐像

約高 22 公分，青銅器、黃金。晚王國時期。Count Tyszkiewicz 所贈。

伊西斯與哈托爾兩位女神，到晚期埃及有時會混同而難以分辨，無論是救夫護子的行徑，還是與拉神鬥智，伊西斯都是理想化的完美女神，而伊西斯手抱荷魯斯哺乳的鮮明形象，有研究更推論這畫面顯然與後世關於聖母聖子的形象之間，應有某種程度的連結。

圖 130：伊西斯哺乳坐像－圖片來源 美國紐約大都會博物館 Public Domain

❖ 裸女泳姿暨鴨頭形化妝容器

約高 6 公分、寬 29 公分，木頭。新王國時期。Clot Bey 藏品。

古埃及人喜愛化妝是出了名的，關於化妝用品更是族繁不及備載，而此雕像乃是兼具實用與藝術的傑作。前半部是鴨子的身軀，後半部則是裸體女子水平游泳的姿勢，研究認為鴨子的身體是用來盛裝化妝粉，兩翼則可作為粉盒蓋，女子的身軀則可當作把手，真是具有巧思。

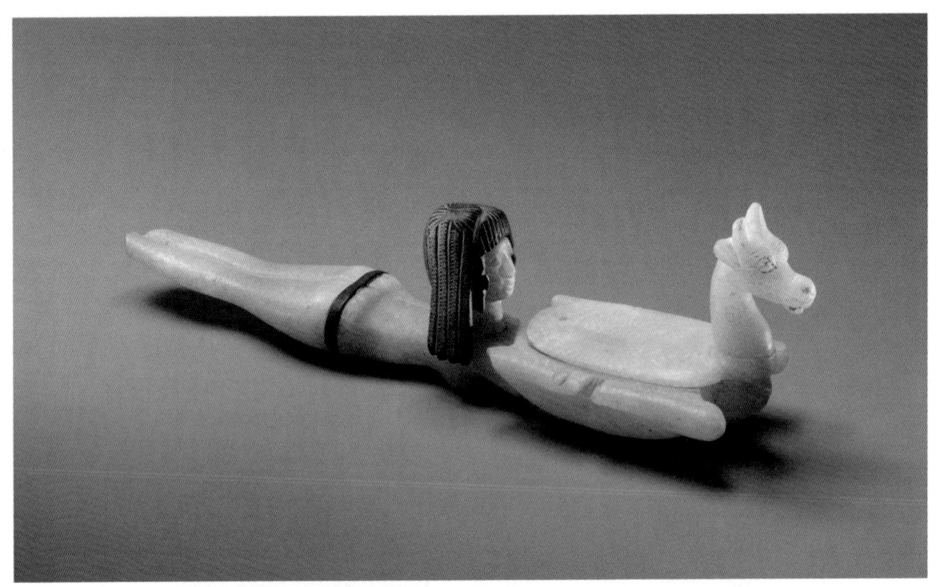

圖 131：化妝容器 – 圖片來源 美國紐約大都會博物館 Public Domain

❖Gebel El-Arak 匕首

約高 25 公分，矽石、河馬 (象) 牙。前王朝時期。1914 年購得。

古埃及文明淵遠流長，即便在文字發明前也有不少珍貴文物。河馬 (象) 牙製的匕首刀柄兩面都有精美的浮雕、一邊是馴服獅子的男人，一面是光頭人與捲髮人爭鬥畫面。學者認為史前埃及與西亞地區往來密切，馴獅男人也與美索不達米亞史詩傳奇英雄吉爾伽美什 (Gilgamesh) 類似，這些都是二者交流的最佳佐證之一。

圖 132：製作木乃伊 – 圖片來源 Wikimedia Commons Public Domain

❖ 杰弗瑞法老 (Djedefre) 頭像

約高 26 公分，石英岩。古王國時期。Abu Roash 發現。

目前研究通說認為杰弗瑞是古夫王的兒子、卡夫拉的兄長，曾短暫當過法老，甚至也有人認為吉薩的人面獅身像其實不是卡夫拉而是杰弗瑞的形象，無論如何，他並沒葬在吉薩，而是遠在 Abu Roash，所以其中是否還有其他不為人所知的謎題，仍待專家研究。

❖ 阿瑪納女子軀體雕像

約高 30 公分，赤硅岩 / 石英岩。新王國時期。阿瑪納發現。

本尊雕像無頭單臂，露出右肩，從胸部到腰部擁有苗條的曲線，加上衣服褶痕，特有的肚臍表現形式，研究者認為這些都是出自阿瑪納時期的藝術風格，更有可能是位該時期的公主，個人認為這些形象也與後來的希臘羅馬式雕像風格有所連繫。

❖ 不知名的官吏夫妻雕像

約高 69 公分，木頭。古王國時期。薩卡拉 (Saqqara) 發現。

木雕要保存很不容易，這兩尊木雕也有不少損壞，但大致上仍看得出男子戴著假髮，裹著古埃及典型的三角腰布，右手所持物品已散失，妻子個頭嬌小，身體毀損嚴重，兩人手搭手手摟腰感情深厚，但從雕像的眼神看來，感覺好像要向大家訴說些什麼。

❖ 河馬雕像

約高 12 公分、長 20 公分、寬 8 公分，彩陶。中王國時期。Dra Abu el-naga 發現。

河馬在古埃及的舞台可是扮演很重要的角色，除了大肚便便的河馬神塔沃里特 (Taweret) 外，它似乎也是趕跑西克索人的導火線之一，因為相傳就是佔據下埃及的西克索人君王阿波斐斯指責上埃及底比斯神廟的河馬太吵，向塞肯拉泰奧二世 (Seqenenre Tao II) 挑釁叫囂，才有後來的驅逐戰役。

❖ 奧西里斯三神群組雕像 (Triad of Osorkon II)

約高 9 公分，黃金。第三中間期。Rollin-Feuardent 藏品。

中間為奧西里斯，雙腿屈肢站在青金石檯上，右手邊是荷魯斯，左手邊是伊西斯。奧西里斯一家三口與其弟弟塞特間的恩怨情仇，是古埃及最著名的神話故事，學者認為它也是很多文學作品的可能母題之一，包含晚近莎士比亞的王子復仇記 (哈姆雷特 Hamlet)…等等 [71]。

圖 133：William 河馬雕像 – 圖片來源 美國紐約大都會博物館 Public Domain

圖 134：瑪阿特 莎草紙畫 – 作者自藏

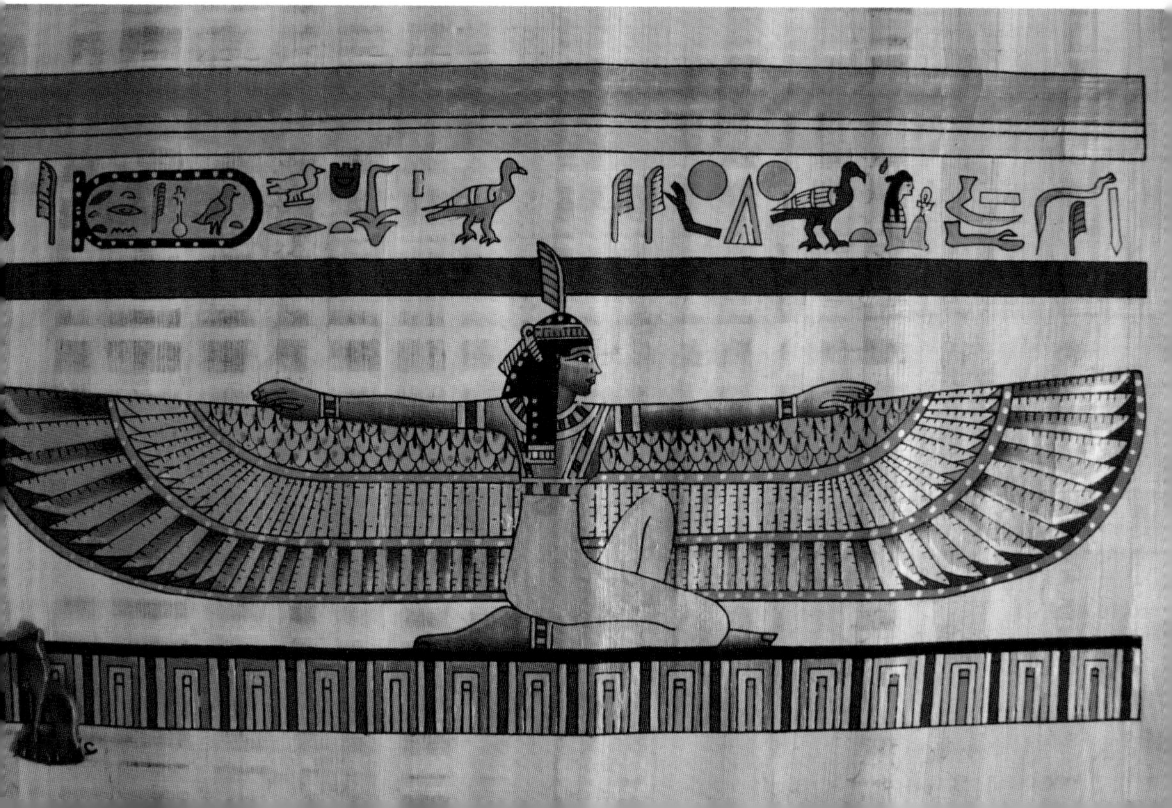

「義大利都靈埃及博物館」(Egyptian Museum of Turin)

★ 必看經典文物簡介 [72]

❖ 都靈王表

約高 40 公分、寬 183 公分，莎草紙。新王國時期。Drovetti 藏品。

都靈王表如同阿拜多斯王表，巴勒摩石碑、卡納克王表…等等，在埃及學研究史上都是鼎鼎大名的文獻，學者認為這個王表名冊紀錄了從前王朝到新王國法老的資訊，是已知時間跨度最大的王表之一。事實上，載明此份王表的莎草紙破損的相當嚴重，研究者總是要在不完整的斷簡殘篇中辛苦地拼湊整理。

❖ 裹屍畫布

約長 390 公分、寬 95 公分，亞麻布。前王國時期。Giulio Farina 藏品。

拜埃及乾燥氣候所賜，許多其他地方無法保存的物品，這裡都保留了下來，像這幅距今五六千年的亞麻裹屍布，有幸也留存至今，其上最主要的畫面就是古埃及人划船的場景，同時也讓我們得以知悉幾千年前古埃及純熟的紡織技藝。

圖 135：深邃的帝王谷陵墓通道 – 作者自攝

❖ 河馬牙雕

約高 24 公分，河馬牙。前王國時期。夏帕雷利 (Ernesto Schiaparelli) 藏品。

河馬牙常被古埃及人用來製作樂器、傢俱，這件作品中間空心，雕著一位蓄鬍的男子，披著斗篷，上方還有穿孔，研究認為此物可能與葬禮或巫術儀式相關，年代部分應可追溯到涅伽達二期 (Naqada II)。

❖ 工作坊模型

約長 46 公分，木頭上色。第一中間期。夏帕雷利 (Ernesto Schiaparelli) 藏品。

古埃及人還滿喜歡做模型的，當然，他們的模型並非單純觀賞把玩用途，而是希望這些墓中小模型的工人們能在另一個世界繼續服務他們的主人。此作品中有搬運工、擀麵粉、釀酒…等畫面，非常生動樸實。

❖ 羊頭獅身雕像

約高 82 公分，花崗岩。新王國時期。路克索發現。

公羊是克努姆神的化身，它的主要崇拜中心之一在象島 (Elephantine)，除了掌管尼羅河洪水外，它也是陶工神靈，相傳它用陶輪創造了人類。本件作品神似獅身人面像，特別是前方還雕刻了象徵被神明保護之阿蒙霍特普三世的小雕像。

❖ 塞尼特棋組

約長 40 公分，木頭。新王國時期。戴爾麥迪那 (Deir el-Medina) 發現。

塞尼特棋 (Senet)，是古埃及人常見的休閒娛樂活動，實際的玩法已不可考，但學者推測應是類似今日大富翁的遊戲，而且在墓葬中也時常出現，例如圖坦卡門墓葬品中、奈菲爾塔莉墓室壁畫中，都有塞尼特棋的身影。

❖ 彩陶碗具組

直徑約 13 公分，彩陶。新王國時期。Drovetti 藏品。

使用石灰、石英…等多種礦物質，所呈現的藍色，有謂「埃及藍」，此作品碗中描繪魚類的畫像，與中國仰韶文化的陶器品繪畫頗為神似，其他有的還會繪製蓮花、人、船等鮮明形象，作為餐具器皿，也有豐收多產的寓意。

❖ 拉美西斯二世坐像

約高 194 公分，玄武岩。新王國時期。Drovetti 藏品。

拉美西斯二世除了好大喜功，也是相當自戀的君王，其形象遍及埃及各地，有研究者就戲稱現存大大小小遺址或博物館的雕像，若你實在認不出來，猜是拉美西斯二世會答對的比例絕對很高。此尊雕像中拉美西斯二世面帶微笑目視前方，右手拿著象徵王權的權杖，腳邊還有奈菲爾塔莉及兒子的小雕像。

❖ **Wesersatet / Uesersatet 耳碑**

約長 17 公分、寬 14 公分，石灰岩。新王國時期。戴爾麥迪那 (Deir el-Medina) 發現。

埃及信仰的神靈眾多，一般遊客所看到的大概都是帝王將相的遺存，這個從工匠村所發現的民間信仰習俗，卻讓人眼睛為之一亮，四隻耳朵代表敬拜傾聽禱告的神靈 Nebethetepet，這位女神地位雖然不高，倒是常在工人墓室中見到。

➜ 圖 136：大廳院周圍 路克索神廟
作者自攝

❖「舞者」殘片

約長 16 公分、寬 10 公分，石灰岩。新王國時期。Drovetti 藏品。

古埃及藝術可以很制式僵化，也可以很寫實有趣，這位女舞者身裹薄布，上身赤裸，坦露酥胸，身體弓著，雙足雙手與頭髮著地，像雜技團員也像瑜珈高手，無論如何，她都生動地體現了高超的舞藝及工匠的繪畫工藝，雖是殘片，卻是難得一見的精品。

❖ 情色莎草紙 (Turin Erotic Papyrus)

約長260公分、寬25公分，莎草紙。新王國時期。Werner Forman archive資料。

本作品就是知名的都靈情色紙草，這十餘幅殘片莎草紙的內容，描繪的都是誇張的限制級情色畫面。研究認為歷來古埃及藝術較少寫實地勾勒性交場景，但在陶器殘片、岩壁塗鴉或莎草紙上，則偶有類似草圖。想要臉紅心跳，不妨來看看有沒有機會看到實物。

❖Penmerenab 雕像

約高 64 公分，石灰岩上色。新王國時期。戴爾麥迪那 (Deir el-Medina) 發現。

麥迪那工匠村的工人，往往被稱為真理住所之僕 (Servant in the Place of Truth)，本作品主人翁 Penmerenab，他雙膝下跪，向阿蒙 - 拉神敬獻，祭檯上則有一個大羊頭，研究認為人頭及羊頭是雕塑者最想強調的部分，而這確實是滿特別的畫面構圖。

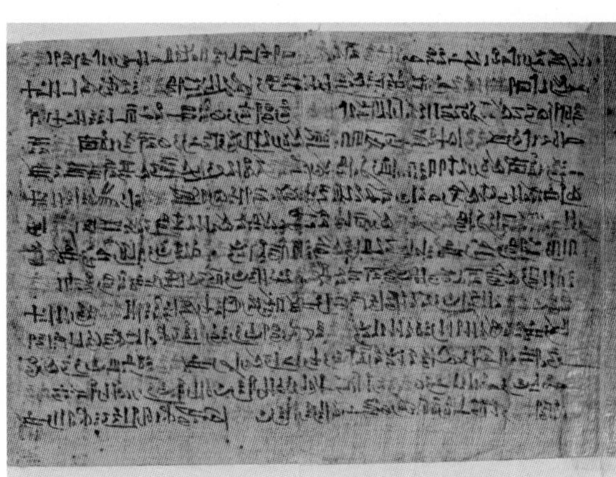

圖 137：Ipuwer 莎草紙
圖片來源 Wikimedia Commons Public Domain

❖ 圖特摩斯三世坐像

約高 192 公分，閃長岩。新王國時期。Drovetti 藏品。

圖特摩斯三世，名氣雖不如大內宣第一名的拉美西斯二世，卻是不折不扣的戰神，南征北討的結果，締造了古埃及帝國最大的版圖，甚至被譽為「古代世界的拿破崙」。特別有趣的是，這雕像的底座，發現者竟然也將自己於路克索的發現事跡，一併刻上。

❖Bapun 石棺繪畫

尺寸不明，石頭上色。晚王國時期。

這又是關於古埃及人宇宙觀最鮮明的一幅繪畫，如同其他博物館很多莎草紙上所繪內容，上面描繪的是天空女神努特 (Nut) 與大地之神蓋伯 (Geb) 兄妹合體，後被其父空氣之神舒 (Shu) 給分開，遂演變成大地與天空的故事情節。

圖 138：石棺 埃及開羅博物館 – 作者自攝

圖 139：敬奉眾神 莎草紙畫 – 作者自藏

「德國柏林博物館」(Neues Museum on Berlin's Museum Island)

★ 必看經典文物簡介 (73)

❖ 納芙蒂蒂胸像

約高 50 公分，石灰岩。新王國時期。阿瑪納遺址發現。

被譽為古代世界最美麗女人的納芙蒂蒂，圍繞在她身邊的謎題太多，即便僅就其雕像觀之，阿瑪納藝術的寫實風格，也讓人們得以更進一步近距離觀察古埃及人女性的長相究竟如何。部分研究者對它總不乏帽子太重、脖子太長、臉型略顯苛薄⋯等負面挑剔，但個人認為她是位母儀天下風華絕代的女強人。

圖 140：獻祭石碑 埃及開羅博物館 – 作者自攝

❖Domestic altar 祭壇雕刻石片

約高 33 公分，石灰石。新王國時期。阿瑪納遺址發現。

石雕上是阿肯那頓及納芙蒂蒂夫妻抱著其小孩們，闔家歡樂沐浴在阿吞神恩典下的場面，阿瑪納藝術不乏這類阿吞神太陽圓盤綻放光芒小觸手的場景，在這兒，皇室生活不再距離人民遙遠，感覺就像是你我身旁的家庭聚會，但實情是否恰好相反呢？阿肯那頓的宗教改革會走不下去，學者普遍認為除了阿蒙神祭司們反撲外，就是不得民心。

❖Westcar 莎草紙

約高 34 公分、寬 169 公分，莎草紙。第二中間期。Henry Westcar 發現。

Westcar 莎草紙在古埃及文學史上相當知名，分別為幾段關於古夫王其子所講述的故事，內容雖有殘缺疏漏不完整，但後世研究多以「國王與魔法師的故事」來泛稱之。例如其中有一則是描述宮女划船因掉落物品於湖底而耍脾氣，嗣後祭司施展魔法分水取物，最後皆大歡喜的結局。以今日角度來看，個人認為祭司們裝神弄鬼自導自演的可能性不小。

❖ 辛努海故事莎草紙

約高 17 公分、寬 499 公分，莎草紙。中王國時期。路克索發現。

這片莎草紙所載者，是古埃及最知名的文學作品。鑒於「辛努海的故事」之經典價值，後世不斷地傳抄，當作古埃及人學習文字與文學的習作範本，所以諸多莎草紙、陶片等均當作其載體而流傳於世。柏林博物館目前藏有兩片經典的手稿，為僧侶體文本。

❖ 希臘婚姻契約莎草紙 (Marriage Contract of Herakleides & Demetria)

約高 40 公分、寬 35 公分，莎草紙。托勒密時期。象島 (Elephantine) 發現。

這是在埃及現存最古老使用古希臘文所寫的文書，甚為珍貴，上面所載的新郎新娘及所有見證人均為移民到埃及的希臘人，且文書一式兩份，一份捲起封印，另一份則保留公開，假設真偽有疑慮時，封印這份則啟封比對，頗為實用與現代化。

圖 141：吉薩人面獅身像前 圖特摩斯四世「記夢碑」– 作者自攝

❖Senwosret 石碑

約高 53 公分，石灰岩上色。中王國時期。阿拜多斯 (Abydos) 發現。

Senwosret 石碑所描繪者，是往生者親屬祭祀的場景，裡面可以清楚看到，牛腿、牛頭、家禽、亞麻、雪花石膏…等均是最受歡迎的供品，畫面內的人數雖然眾多，但配置井然有序，足見精通「散視法」之古埃及工匠絕佳的構圖能力。

❖ 花園散步石雕 (A Walk in the Garden)

約高 24 公分，石灰岩。新王國時期。阿瑪納遺址發現。

此片石雕的畫面，是兩位年輕的皇室成員於花園愜意散步，眼尖的人必會注意到這名男子的右手拄著一根拐杖，似乎為身障人士，有研究者認為這位是阿肯那頓，也有人認為就是圖坦卡門本人。個人認為圖坦卡門文物中一個木盒上也有類似拄杖場景，或許不是巧合。

圖 142：疑似圖坦卡門的石碑 - 未有定論 – 圖片來源 Wikimedia Commons Public Domain

❖ 綠頭雕像 (Berlin Green Head)

約高 21 公分，硬砂岩 (或綠片巖)。晚王國時期。Sais 發現。

這個綠頭雕像的工藝，著實令人大為讚賞，若不說明其古埃及來歷，十個人會有九個認為這是現代藝術家的作品，因為它精美的打磨技巧與深富表情的眼神，確實為雕塑中的精品，而其亮麗光頭的形象，相信也是好萊塢古埃及電影祭司造型的靈感來源之一。

❖ 伊西斯女神青銅像

約高 30 公分，青銅器。托勒密時期。亞歷山大城發現。

伊西斯女神，是古埃及鼎鼎大名的九柱神之一，之前曾述及她抱著荷魯斯哺乳的畫面與聖母瑪利亞與耶穌的形象有驚人的相似度，不過此處這尊青銅像，已完全脫離古埃及的傳統樣式，較偏向典型希臘化時代的潮流，個人認為它與開羅博物館主建築上大門上的雕像，風格相當類似。

❖ 泰伊頭像

約高 22 公分，木頭、黃金等。新王國時期。Medinet el-Gurob 發現。

泰伊 (Tiy) 來頭不小，她有努比亞的血統，是阿肯那頓的母后，更是阿蒙霍特普三世不顧眾人反對所執意要娶的平民女子。這尊雕像的眼神堅毅果決，難怪學者普遍認為泰伊的性格與長壽，對於新王國後期的發展方向有著一定程度的影響力。

圖 143：眾神靈 莎草紙畫 – 作者自藏

圖 144：木乃伊面具 埃及開羅博物館－作者自攝

「美國波士頓美術館」(Museum of Fine Arts , Boston)

★ 必看經典文物簡介 [74]

❖ 阿伊王座殘片浮雕

約高 45 公分、寬 36 公分，石灰岩。新王國時期。路克索發現。

阿伊繼圖坦卡門後擔任法老，時間雖然不長，不過他終究還是娶了圖坦卡門的小寡后。這個殘片浮雕，應是他御座的一側，其上的浮雕應是尼羅河神哈比，因為它的頭上有象徵上下埃及的植物蓮花與紙草，男性的面孔又帶著大大的雙乳，也是它最鮮明的特徵。

❖ 孟卡拉三人組雕像

約高 84 公分，硬砂岩 (或綠片巖)。古王國時期。路克索發現。

這次輪到哈托爾女神位居中央，而且是坐姿，孟卡拉則站於左邊，接受女神的攙扶護佑，右邊則是地方神祇，這類型的組雕，許多博物館都有收藏，且都有著精湛的工藝，因為輕薄衣物之美感與健美體型之力感一覽無遺，這些都是哈佛大學博物館探險隊的考古成果。

圖 145：孟卡拉金字塔－作者自攝

❖ 供品搬運工行列模型

約高 66 公分，木頭上色。中王國時期。Deir el-Bersha 發現。

古埃及人似乎是勤於做工，因為常常會有類似工作坊的模型雕像，而且大家感覺上的還滿開心的。之前曾介紹頭頂籮筐 Mekutra 女僕木雕，這類型的工作樣態又再次於此出現，而且還一次安排了兩位，最後一位背著像今日的 LV 包包，還滿時髦的，重點是大家臉上都掛著笑容。

圖 146：搬運工模型 – 圖片來源 美國紐約大都會博物館 Public Domain

❖ 綠頭雕像

約高 10 公分，硬砂岩 (或綠片巖)。晚王國時期。薩卡拉 (Saqqara) 發現。

繼上次柏林的綠頭，又來了一尊波士頓綠頭，相較於柏林綠頭，這尊雕像的形象似乎略顯老態，皮膚也沒有那麼細緻，感覺似乎少開了「美肌」功能，不過，它們的精美打磨技巧與會說話的眼神，在在都是雕塑中的精品。

❖Tasherytwedjahor 裹屍布

約高 90 公分、寬 47 公分，亞麻布。羅馬統治時期。Asyut 發現。

到了羅馬時代，古埃及人的墓葬習俗已與羅馬人結合，就像之前介紹的法尤姆畫像，這張裹屍布的上方也是一個羅馬人典型的寫實畫像，中間則轉為古埃及奧西里斯神、伊西斯女神與聖甲蟲形象，再向下則類似阿努比斯及哈比神的結合，最下端則回到寫實的大腳丫。

圖 147：金字塔倒影 Mena House– 作者自攝

「荷蘭萊登博物館」
(The National Museum of Antiquities in Leiden)

★ 必看經典文物簡介 (75)

❖Tjayiry 環抱雕像 (Naophorous Statue of the Great Overseer of the Harem)

約高 126 公分、寬 52 公分，石灰岩。新王國時期。薩卡拉 (Saqqara) 發現。

Tjayiry 是拉美西斯三世時期孟斐斯地區皇室後宮的大總管，這尊雕像是他在薩卡拉的墓地所發現，與一般環抱雕像不同的是，他所抱的是哈托爾女神半身像，學者研究雕像上面的銘文似乎在揭露：Tjayiry 希望奧西里斯神能讓他的巴 (Ba) 飛到外面，讓他可以追隨眾神的腳步…。

❖Fefi 的假門

約高 79 公分、寬 52 公分，石灰岩。古王國時期。孟斐斯發現。

假門 (False Door) 是古埃及生死觀的一種展現，他們認為死後靈魂可以自由進出肉體，特別是利用假門來象徵在生前領地與死後世界的連結。研究者認為這個假門上的銘文似乎在說：在西方領地上，奧西里斯最愛的人啊，供品將呈上麵包、啤酒，請享用…等語。

圖 148：假門 埃及開羅博物館 – 作者自攝

❖ 家書

約高 24 公分、寬 21 公分，莎草紙。新王國時期。路克索發現。

這裡我並未選取鼎鼎大名與人民起義相關的「伊浦味陳辭 / 箴言 (The Admonitions of Ipuwer)」或「萊登紙草」，而是選了一份家書，因為家書的政治味較沒有那麼濃厚。這類家書總在結尾碎碎念，例如，要記得供養水給阿蒙神…、祈求他保護我…、也不要忘了我的老弟…、留意我的叮嚀，直到我回來…，筆墨間人味十足。

❖Tairt 的護身符 (Hypocephalus of the priestess of Amun, Tairt)

約直徑 22 公分，亞麻布 / 灰泥 / 紙板。托勒密時期。地點不明。

Hypocephalus，是指放在頭部底下的圓盤型制護身符，有點制式化，類似的物品，英國牛津阿什莫林博物館也有一個幾乎一模一樣，上面的銘文，主要為亡靈書保護或溫暖頭部的篇章，例如 Spell 162。不過，外表上仍具有相當美觀的特色。

❖ 奧西里斯青銅像

約高 105 公分，青銅器鍍金。晚王國時期。地點不明。

一手拿著連枷，一手持著曲柄杖，雙手交叉，頭戴 Atef 冠，是典型的奧西里斯形象。這類雕像應坐落於神廟的神龕上，通常除了祭司外，少有閒雜人等能接近它，臉上鍍有一層金箔，研究謂這意味著在冥界戰勝死亡、讓太陽神的金色光芒將之從沉睡中喚醒。

圖 149：奧西里斯青銅像
圖片來源 美國紐約大都會博物館 Public Domain

圖 150：奈菲爾塔莉與神靈 莎草紙畫 – 作者自藏

「美國紐約布魯克林博物館」(The Brooklyn Museum)

★ 必看經典文物簡介 [75]

❖ 鱷魚石碑殘片

約高 16 分、寬 24 公分，石灰岩。新王國時期。Charles Edwin Wilbour Fund 收藏。

鱷魚是凶猛的動物，古埃及人崇拜它，出於敬也出於畏。索貝克神 (Sobek) 是鱷魚神，其最知名的神廟遺存就在亞斯文附近的 Kom Ombo 神廟。這尊殘片浮雕中，中間兩隻鱷魚相互對望，上方鱷魚抬頭凝視，頗有君臨天下的威嚴。

圖 151：Kom Ombo 神廟浮雕－作者自攝

❖ 佩皮二世與他母親雕像

約高 39 公分、寬 24 公分，方解石。古王國時期。薩卡拉 (Saqqara) 發現。

這尊晶瑩剔透的精美雕像，很類似伊西斯手抱荷魯斯哺乳的形象，只是主角換成了佩皮二世 (或培比二世 /Pepy II) 與他的母親。佩皮二世是第六王朝的法老，即位時只有六歲，有研究指出，他至少統治了九十餘年 (或謂六十餘年)，而他最

圖 152：Kom Ombo 神廟一隅 – 作者自攝

為人所知的軼事，就是再三叮嚀大臣 Harkhuf 要細心照料侏儒的童趣口吻，這些有趣的內容，剛好都被大臣的墓誌銘所記錄下來。

❖ 刺蝟雕像

約高 4 公分、寬 4 公分，彩陶上色。中王國時期。阿拜多斯 (Abydos) 發現。

古埃及的藝術，有一大部分都是與動物結合，工匠往往從尼羅河的生態群去尋找創作靈感，而且也結合宗教信仰，例如河馬、狒狒、貓、胡狼等等，但也有單純來自於可愛動物形象的，此尊刺蝟就是屬於這個類型，雖然刺蝟也偶爾出現在墓室浮雕與繪畫，但像這個雕像一樣獨立製作者，則確實罕見。

❖ 西克索人女子雕像

約高12公分，紅陶(terracotta)。新王國時期。Charles Edwin Wilbour Fund收藏。

古埃及人應該很痛恨西克索人統治的這段時期，目前留存下來的西克索人形象不多，這尊女子陶塑頗為珍貴，但誇張的臉部與身形，十足的外星人形象，與傳統的女子雕像大異其趣，的確是非常特別。

❖ 貝斯神與兔兔神石碑殘片 **(Stela of the Genii Bes & Tutu)**

約高26分、寬47公分，石灰岩。羅馬統治時期。Charles Edwin Wilbour Fund 收藏。

貝斯神(Bes)是一種相貌醜惡的家庭保護神，兔兔神(Tutu)則是人面獸身，屬於古埃及晚期的神靈崇拜，這些半人半神的神祇，在這裡都是羅馬人的同盟者與備援大神。

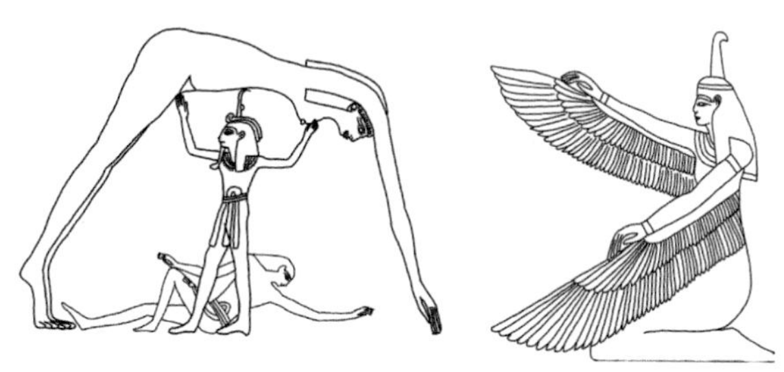

「美國加州玫瑰十字埃及博物館」
(The Rosicrucian Egyptian Museum, San Jose, California)

★ 必看經典文物簡介 [77]

❖ **焚香器 (Incense Offering Burner)**

約長 39 公分，青銅器。晚王國時期。編號 RC 2081。

我們常在古埃及壁畫中，看到各種焚香敬神的畫面，這尊青銅器就是祭司或法老敬拜神靈的工具，有點像現代煙斗，又有點類似小一號的步槍，因為它的中央確實也一個類似彈匣的地方，研究者認為焚香的珠狀材料便是由此來填入並加以燃燒，並形成像抽菸的煙霧瀰漫效果。

圖 153：拉美西斯三世陵墓 – 作者自攝

❖ **哈托爾神形象的叉鈴**

約高 24 公分，彩陶。晚王國時期。編號 RC 1731。

古埃及人載歌載舞時，常會使用一種打擊樂器——叉鈴，其原理就是利用搖晃時器物零件彼此敲擊而產生清脆悅耳的聲響，通常使用的材料為金屬器 (例如 RC 1765)，不過，此處這尊則是彩陶器物，且上面有鮮明的哈托爾神形象，並載有第二十六王朝法老普薩美提克一世 (Psamtik I) 的名字。

圖 154：Amasis 叉鈴 – 圖片來源 美國紐約大都會博物館 Public Domain

❖ 骰子

約高 2 公分，水晶及象牙。新王國時期等。編號 RC 1255 及 RC 1253。

自古以來遊戲便是人類生活文化的一部份，遊戲器具也是常見的古文物，埃及人也不例外，之前曾提及的塞尼特棋，就是著名的休閒娛樂之一。這邊介紹的 RC 1253，就是遊戲的重要輔具骰子，若不告訴你這是古埃及文物，乍見時或許會認為這活脫就是現代的骰子。

圖 155：骰子 – 圖片來源 美國紐約大都會博物館 Public Domain

❖ 貓的木乃伊

約高 45 公分，木頭及木乃伊。托勒密時期。編號 RC 390、RC 608 及 RC 739。

之前曾介紹，遠在還沒有文字的時代，古埃及人便開始眷養野貓，之後貓更變成獻給女神貝斯特的動物，而除了祭神，喜愛貓的古埃及人也會製作貓的木乃伊，這裡所示即為貓的木乃伊及相關木雕，不過，現代很多研究都披露，許多動物木乃伊裡面不見得真的有該類動物的屍骨，常見偷天換日的其他填充物。

圖 156：含狗骨頭的木乃伊－圖片來源 美國紐約大都會博物館 Public Domain

❖「巴」木雕

約高 7 公分，木頭上色。托勒密時期。編號 RC 512。

前曾述及古埃及人將「卡」及「巴」認為是重要靈魂的展現，「卡」類似生命力，而可以飛天遁地的人頭鳥身「巴」，更接近現代觀念的靈魂，潛意識下也揭露了人性渴望自由飛翔的想像。

「美國俄亥俄州克利夫蘭藝術博物館」(The Cleveland Museum of Art)

圖 157：阿蒙霍特普三世頭像－圖片來源美國俄亥俄州克利夫蘭藝術博物館 CC0

★ 必看經典文物簡介 (78)

❖ 阿蒙霍特普三世戴藍冠的頭像 **(Incense Offering Burner)**

約高 39 公分，閃長岩。新王國時期。Hanna Fund 所贈。

阿蒙霍特普三世是新王國全盛時期的法老，其雕像很多博物館都有保存，之前曾介紹大英博物館一尊眼嘴較為傾斜，略像外星人的頭像，這尊則較為正常，學者從外型認定，應該是偏年輕化的設定，至於其頭上的藍冠 (Blue Crown)，則是新王國時期特有的戰鬥王冠。

圖 158：拉美西斯九世陵墓－作者自攝

❖ 阿匹斯神牛雕像 (Apis Bull)

約高 52 公分、長 58 公分，蛇紋岩。托勒密時期。Leonard C. Hanna, Jr. Fund 所贈。

研究認為早期阿匹斯 (或阿畢斯 / 阿皮斯) 象徵肥沃豐產，主要崇拜中心在孟斐斯，之後在托勒密時期，由於埃及信仰與希臘諸神結合，最終遂變成為塞拉皮斯 (Serapis)。最著名的祭祀與存放死去神牛的塞拉皮雍神廟 (Serapeum)，是由創建埃及博物館的法國人馬里埃特 (Auguste Mariette) 所發現。

圖 159：阿匹斯神牛雕像 – 圖片來源 美國紐約大都會博物館 Public Domain

❖ 拉美西斯二世接受女神哺乳的殘片 (Ostracon)

約高 31 公分、寬 18 公分，石灰岩。新王國時期。James N. Sherwin, Trustee 收藏。

古埃及人常會在一些石灰石板上臨時記筆記、塗鴉、或畫草圖等等，這類型的陶片或石板殘片，往往被稱為歐世康 (Ostracon / Ostraka)。本片殘片內有拉美西斯二世讓不知名女神哺乳的形象，雖然類似場景在古埃及並不少見，但此處的拉美西斯大帝並非兒童或少年，而是以一個頭戴藍冠的成年法老形象出現，難免顯得畫面有些突兀。

圖 160：Sennedjem 陵墓壁畫重製品 – 圖片來源 Wikimedia Commons Public Domain

❖ 化妝品罐的貝斯神像

約高 9 分、寬 6 公分，埃及藍。晚王國時期。J. H. Wade Fund 收藏。

一般而言，貝斯神雖是家庭保護神，但看來都是凶神惡煞的形象，不過這尊眼神較為柔和，且雙乳豐滿外型臃腫，乍看倒是有點像華人社會的大肚彌勒佛。

圖 161：貝斯神型態神靈雕像 – 圖片來源 美國紐約大都會博物館 Public Domain

「美國馬里蘭州巴爾的摩沃爾特斯美術館」(The Walters Art Museum)

★ 必看經典文物簡介 [79]

❖ 黃金神盾儀式飾物 (Aegis with the Head of Sakhmet)

約高 7 公分，黃金。新王國時期。Henry Walters 收藏。

埃及學家認為 Aegis 整合了類似傳統盾牌保護形式與特定神祇形象，但實用功能則並不明確，應是一種儀式性的物品。在本飾物上，有兩個鷹頭、神蛇、太陽圓盤、獅頭的塞赫邁特女神等等。相傳塞赫邁特女神曾被太陽神派來人間懲罰人類，但殺紅眼的女神卻幾乎滅絕了全人類，不得以只好用計令她沉睡，讓人類逃過一劫。

❖ 阿努比斯與敬拜者雕像

約高 20 公分、長 14 公分，青銅器。晚王國時期。Henry Walters 收藏。

胡狼 / 豺狗頭形象的阿努比斯本為死亡之神，但之後地位漸漸被奧西里斯給取代，嗣後則演變為防腐之神、製作木乃伊之神、及墓地守護之神，在亡靈書中，它總是隨同秤量心臟的場景出現。

圖 162：圖坦卡門陵墓阿努比斯雕像
埃及開羅博物館 – 作者自攝

❖ 伊西斯哺乳青銅坐像

約高 55 公分，青銅器、銀。晚王國時期。Henry Walters 收藏。

之前曾介紹，伊西斯手抱荷魯斯哺乳的形象，應與後世關於聖母瑪利亞與聖子耶穌的類似畫面之間，有某種程度的連結。研究認為此尊青銅坐像的型制，雖不脫上述概念，但有著更具力度的塑像技巧，推斷應是庫施王國時期的傑作。

❖ 老人胸像

約高 19 公分，硬砂岩。晚王國時 . 期。法尤姆發現。

之前曾介紹過柏林綠頭與波士頓綠頭，這尊雕像應是一尊跪姿雕像的殘存，它的形象與前二者頗為類似，但整體表現較為老氣，皮膚的打磨也沒有那麼光滑，不過，它還是具有一對嚴肅且會說話的眼神。

❖ 法尤姆之書 (Book of the Faiyum)

約高 27-31 公分，莎草紙。托勒密時期。法尤姆發現。

在托勒密及羅馬統治時期，法尤姆地區也是索貝克神的重要信仰地之一。法尤姆之書，是現代學者依地區所命名，內容包含大肆宣揚鱷魚神索貝克神與拉神的連結，並多以聖書體及僧侶體字圖文並茂地呈現在莎草紙上，至於純文本的部份內容則另外銘刻在上埃及的 Kom Ombo 神廟。

圖 163：Kom Ombo 神廟浮雕 – 作者自攝

「英國倫敦皮特里埃及考古博物館」(The Petrie Museum of Egyptian Archaeology)

★ 必看經典文物簡介 [80]

❖ 四五千年前的衣服 (Tarkhan Dress)

約長 58 公分，亞麻布。早王朝時期 (一說為第五王朝)。Tarkhan 發現。編號 UC28614B1。

學者推論這是確實有人穿過的衣服，而且可能因為當時的衣物稀缺不普遍，甚至過於昂貴，因此古埃及人往往不敢浪費，所以也常用穿過的衣服來包裹往生者。這是目前已知世上最古老的織物，相信 1912 年皮特里在 2050 馬斯塔巴 (Mastaba) 第一眼見到時，心中一定也是感動無比。

❖ 楣石 (Lintel of Senwosret I Running Toward the God Min)

約高 154 公分，石灰岩。中王國時期。編號 UC14786。

楣石左側是法老塞索斯特里斯 (或申無施爾 / 辛努塞爾特) 一世，研究者認為他正在進行奔跑儀式，似乎是在慶祝登基三十周年的塞德節 (Sed Festival)，而畫面右側則是象徵生殖豐產大神敏神。

❖ 荷魯斯與塞特故事莎草紙殘片

約高 14 公分、寬 39 公分，莎草紙。中王國時期。卡洪 (Kahun/Lahun) 發現。編號 UC32158。

前曾述及奧西里斯一家三口與其弟弟塞特間的恩怨情仇，是古埃及最著名的神話故事，也可能是包含莎士比亞的王子復仇記等很多文學作品的可能母題之一，其實，荷魯斯與塞特間的故事細節，遠比大家所知道的還要狗血還要限制級。

❖ 金字塔文殘片

約高 24 公分、寬 25 公分，石灰岩。古王國時期。薩卡拉 (Saqqara) 發現。編號 UC14540。

現代人較為熟知的新王國時期亡靈書，其發展是有脈絡的，若要追溯，還要往回推到中王國時的「棺文」與古王國時的「金字塔文」。雖然沒有後來亡靈書的圖文並茂，但死後世界的輪廓已大致底定。這裡所示為第六王朝佩皮一世 (Pepy I) 墓葬中的金字塔文。

↑ 圖 164：埃德富 荷魯斯神廟浮雕 – 作者自攝

➔ 圖 165：石棺 埃及開羅博物館 – 作者自攝

❖ 象牙獅子遊戲輔具

約高 4 公分、長 7 公分，河馬 (象) 牙。早王朝時期。阿拜多斯 (Abydos) 發現。編號 UC14540。

這是在阿拜多斯第一王朝杰特王 (Djet) 附近墓地所發現，是一套六個中的一個，雖然後腿等部分已經毀損，但還是一頭精美的母獅，它的實際用途不明，推測應是類似下棋所使用的遊戲輔具。

「英國牛津阿什莫林博物館」(The Ashmolean Museum of Art and Archaeology)

★ 必看經典文物簡介 [(81)]

❖ 紅鶴陶罐

約高 25 公分，陶器。前王朝時期。涅伽達 (Naqada) 454 墓地發現。

在史前時期，載有圖案的陶罐或陶片是最佳的文明與藝術的見證者，因為無論牆上壁畫、木料、紡織品…等載體，能保存殘存至今者，仍屬罕見。至於陶罐上繪畫主題，或許因為尼羅河之緣故，船隻往往是常見的場景。此外，紅鶴 (Flamingo) 等大鳥也常成群出現，例如本文物上栩栩如生的紅鶴群。

❖ 雙狗牌調色板 (Two Dog Palette)

約高 42 公分，粉砂岩。早王朝時期。希拉康波里發現。

那爾邁調色板在埃及學上鼎鼎大名，因為在學界通說認為調色板上的畫面象徵著上下埃及統一，而同產地的另一調色板，其上的兩隻鬣狗 / 土狼 (Hyena) 獵食畫面，也是非常具像的生態食物鏈呈現，不過，研究者推測它應是作為儀式性的用途。

圖 166：Sarenput II 陵墓壁畫 複製品 – 圖片來源 Wikimedia Commons Public Domain

❖ 蠍子王權杖標頭 (Scorpion Mace-head)

約高 31 公分、直徑 30 公分，石灰岩。早王朝或零王朝時期。希拉康波里發現。

好萊塢前些年曾有幾部以「魔蠍大帝」為主題的史前電影，雖然內容不乏荒誕誇張的情節，但其源頭還是有所本的，因為自從 1897 年蠍子王權杖標頭等文物被發現之後，埃及學界即陷入斷代分期的歧異，因此，一個詭異的名稱「零王朝」便由此誕生了。

❖ 女神哺乳

約高 20 公分，石灰岩等歐世康。新王國時期。路克索發現。

類似伊西斯與荷魯斯哺乳的畫面，這裡又來了，但這次不是伊西斯，而是象徵豐收的女神 Renenutet(眼鏡蛇頭) 與她的小孩，並且是載於歐世康殘片上，旁邊也有缺漏的僧侶體文字，很像某種筆記與草圖，滿有趣的。

圖 167：拉美西斯四世陵墓 – 作者自攝

❖ 普塔神青銅像

約高 17 公分，青銅器。晚王國時期。M. R.Tomkinson 遺贈。

普塔神 (Ptah) 是古埃及孟斐斯三神系的要角，傳說世界萬物就是由它所思所言而創造出來的。這尊普塔神青銅立像，手持權杖與安卡，其上則有鑲嵌或鍍上黃金與銀器，加上打磨精美，整體色澤非常鮮明，是難得的佳作。

「英國劍橋菲茨威廉博物館」(The Fitzwilliam Museum)

★ 必看經典文物簡介 [82]

❖ 哀悼女子 (Mourning Woman)

約高 39 公分，木頭上色。中王國時期。阿拜多斯發現。

這是一具木棺的木頭殘片，可以清楚看到葬禮中哀悼女子的哀戚場景。圖中女子彎腰低頭，撫胸流淚，學者認為她可能是職業的哭喪人，也可能是往生者的親戚，無論如何，畫面的渲染力很強，讓我們充分了解古埃及的喪葬文化。

圖 168：Nebamun 墓室壁畫 複製品 (Source: The Yorck Project) – 圖片來源 Wikimedia Commons Public Domain

❖ 夏勃悌 (Shawabti of Sennedjem)

約高 21 公分，石灰岩上色。新王國時期。路克索發現。

夏勃悌 (或沙伯替 Shawabti/Shabtis/Ushabtis)，是古埃及人專屬的陰間夥伴，說穿了就是幫死者在另一個世界服勞役的被使喚者，概念上與中國的俑又不盡相同。一般而言，墓室中的夏勃悌至少有 365 個 (這還不含督管的工頭呢)，代表每一年每一天都有人可以服侍往生者。

圖 169：夏勃悌雕像 – 圖片來源 美國紐約大都會博物館 Public Domain

❖ 敏神雕像

約高 23 公分，銅器鍍合金。第三中間期。

一直以來，很多人誤會擁有碩大陽具的生殖神敏，是個肢體殘障人員，在埃及旅遊時甚至還會有導遊胡謅說因為它某方面能力太強被忌妒而被打斷一隻手腳，其實看了這個雕像，你就會知道答案。實際上，它的雙手可好好的，一手上揚 (沒有連枷)，一手握住「那話兒」。

圖 170：阿蒙•敏神浮雕 卡納克神廟 – 作者自攝

❖ 阿蒙神坐像

約高 17 公分、寬 12 公分，銅器鍍合金。晚王國時期。薩卡拉 (Saqqara) 發現。

阿蒙神在新王國時期是古埃及人最重要的國神，嗣後歷經第三中間期的混亂，努比亞人建立庫施王國，仍奉阿蒙神信仰為正宗，在這雕像中明顯可以看出庫施國王的特色，這些臉部與鼻子的迥異於埃及人的特徵，學者稱之為 Kushite Fold。

❖ 拉美西斯三世的棺蓋

約高 290 公分、寬 153 公分、深 83 公分，花崗岩。新王國時期。路克索發現。

這個棺蓋據悉足足有七噸重，外觀頗像王名圈形狀，其上有拉美西斯三世則手持連枷與權杖，頭頂鴕鳥羽毛與牛角及太陽圓盤，神色狀似奧西里斯，研究者認為應是獻祭給 Sokar-Osiris (奧西里斯形象演變到後來，往往 Ptah-Sokar-Osiris 會呈現多位一體的特別整合)。

「美國芝加哥大學東方研究所」
(The Oriental Institute University of Chicago)

★ 必看經典文物簡介 [83]

❖ 警告盜墓者標語殘片 (Warning to Tomb Robbers)

約高 46 公分，石灰岩。古王國時期。薩卡拉 (Saqqara) 發現。OIM 10814。

這是塊浮雕是一位祭司墓室中的殘片，上面有段聖書體文字，研究者謂其大意為：如果有任何人非法闖進我的墳墓，我會像抓小鳥一樣把他抓住…。這類警告盜墓者的警語，看來有沒有很眼熟呢？法老的詛咒云云，是過於簡化的說法，實際上古埃及人為嚇阻盜墓者，本來就有類似的警告標語，至於靈不靈，那就見仁見智了。

圖 171：拉美西斯三世陵墓－作者自攝

圖 172：圖特摩斯一世及哈特謝普蘇特方尖碑
卡納克神廟 – 作者自攝

❖ 卡諾皮克罐

約高 32-34 公分，石灰岩。第三中間期。路克索發現。OIM 2091-2094。

卡諾皮克罐 (Canopic Jars) 通常是用雪花石膏、赤陶土、石灰岩、彩陶、或木頭製作，用來盛放製作木乃伊後取出的人體內臟，無論是鷹頭、狒狒頭、人頭，還是胡狼頭，裝飾都非常精美，乍看下你只會認為它們是組藝術品，而不是墓葬器具，可見古埃及人工藝之傑出，真是令人讚嘆。

圖 173：圖坦卡門的卡諾皮克罐 埃及開羅博物館 – 作者自攝

❖ 荷魯斯腳踏鱷魚石碑 (Cippus of Horus)

約高 14 公分，塊滑石。托勒密時期。OIM 16881。

Cippus of Horus，是一種具有魔法保護力的石碑，以此碑為例，荷魯斯頭頂是貝斯神(Bes)的頭，腳踏兇猛的鱷魚，雙手抓住毒蛇、蠍子、獅子等兇惡的動物，背後則有諸多神靈，這種「拳打南山猛虎，腳踢北海蛟龍」的形式，在晚王國時期以後逐漸流行。

❖ 彈豎琴的侏儒

約高 12-20 公分。OIM 10641、OIM 10642。

豎琴是一種非常古老的樂器，不像現代彈豎琴的人大多是長髮披肩的美女，古埃及或美索不達米亞，則常有一些侏儒或盲眼人士彈奏豎琴的壁畫或雕塑等文物留存至今。雖然未能聽得到琴音傳世，但看似不完美的畫面，透過工匠的巧思，仍讓我們得以一窺古代樂師的莊重儀態。

❖ 獻祭碑

約高 25 公分，木頭等。第三中間期。路克索發現。OIM 1351。

這是路克索 (古城底比斯) 西岸拉美西斯二世神廟遺存所發現，畫面是一名女子向拉 - 赫拉克提神獻祭的畫面。鷹頭本是荷魯斯的形象，當他和拉神結合一起，就成為拉 - 赫拉克提神，象徵日正當中的太陽神。

圖 174：亡靈書 莎草紙 埃及開羅博物館 – 作者自攝

「英國蘇格蘭國立博物館」(National Museums Scotland)

★ 必看經典文物簡介 [84]

❖ 女吟唱者的木棺

約長 190 公分、寬 56 公分，木頭彩繪。第三中間期。A.1956.354。

這是阿蒙神女吟唱者 Nesimut(Djedmut) 的木棺，其內棺的彩繪相當精美，上層為太陽圓盤與神蛇，第二層為死者的「巴」，第三層則是木乃伊形象，第四層是阿努比斯手持連枷與曲柄杖以奧西里斯的身分出現，最下層則是伊西斯結與杰德柱。

圖 175：人形棺 埃及開羅博物館 – 作者自攝

❖ 女子面具

約長 21 公分、寬 16 公分，木頭。第三中間期。Lady Ruthven 收藏。A.1855.141。

研究者推測這個面具應該是來自於一具人形木棺，模樣非常清秀。若大家對多年前香港新浪潮電影時代的一部電影「再生人」(林子祥主演) 有印象的話，這個面具就很像當時劇中木偶劇團的木偶，深深讓人感覺有股魔力存在。

❖**Pamiu** 木棺的腳底板

約長 33 公分、寬 21 公分，木頭彩繪。第三中間期。A.1956.194。

這塊木棺的腳底板，上面有很豐富的彩繪，中央是一頭阿匹斯神牛，上面背負著一具木乃伊，顯示費盡千辛萬苦馱背木乃伊橫跨沙漠送到墓地，學者研究認為這種形象，也常置於晚期埃及的木棺內棺中。

❖**Amenhotepiyin** 的木棺

約長 230 公分、寬 71 公分，木頭彩繪。晚王國時期。路克索發現。A.1869.33。

埃及考古資源豐富，時常就會有發現集體墓葬的新聞，可能一次就發現幾十具木棺，這裡的主人翁 Amenhotepiyin，是 Djedmutesankh 的兄弟，是 1869 年發現三十具中的其中一具，這些木棺除了這裡，也有一些移到開羅的埃及博物館。內棺中的拉 - 赫拉克提神頗具特色。

❖ 雙人木棺

約長 116 公分、寬 55 公分，木頭彩繪。羅馬統治時期。A.1956.357。

Petamun、Penhorpabik 是這木棺的主人，這種雙人棺，較為少見，外棺有兩人手持連枷等奧西里斯圖案，內棺則有兩位稚嫩青少年的形象，畫像明顯有羅馬時期的特色，身穿的衣服則頗像我們的原住民服飾。

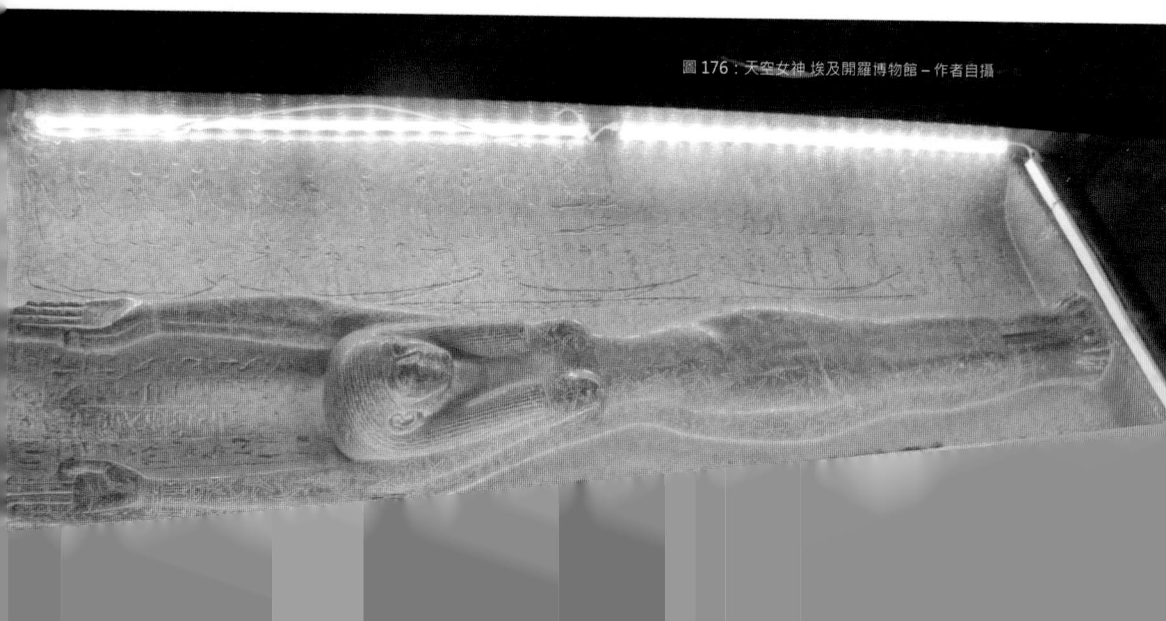

圖 176：天空女神 埃及開羅博物館 – 作者自攝

「埃及路克索博物館」(The Luxor Museum)

★ 必看經典文物簡介 [85]

❖ 圖特摩斯三世立像

約高 90 公分，硬砂岩。新王國時期。路克索發現。

圖特摩斯三世應該是古埃及帝國時期戰功最卓著的法老，甚至被譽為「古代埃及的拿破崙」，不過他並沒有像拉美西斯二世這麼會宣傳，所以知名度略遜一籌。這尊圖特摩斯三世的立像，是在卡納克神廟中發現，不過，其相貌非常俊秀，很像哈特謝普蘇特。

❖ 阿蒙霍特普坐像

約高 130 公分，花崗岩。新王國時期。路克索發現。

這裡的阿蒙霍特普 (Amunhotep)，不是當法老的阿蒙霍特普，而是阿蒙霍特普三世時期 Hapu 的兒子，也是國王的侍臣。這尊書吏坐姿的雕像，相當有智慧與威嚴，最引人注意的，便是肚子上的三層肉，顯示他應該久坐且缺少運動。

❖ 犯人雕像

花崗岩。Kasr el Kuba 發現。

這尊雕像非常特別，它描繪一個類似囚犯或戰俘的人躬身低頭趴在地上，雙手放背後被繩索綑綁，遠看頗像一隻蟾蜍，從髮型等判斷，研究者認為應該是來自西亞敘利亞巴勒斯坦一帶的亞洲人，而雕像底座也有象徵敵人的形象。

❖Gem Pa Aten 神廟牆面殘片

約高 270 公分、長 17 公尺，砂岩。新王國時期。路克索發現。

Gem Pa Aten 神廟是原本阿肯那頓為阿吞神所建，位於卡納克神廟東側，之後被法老霍倫希布所拆卸，殘塊嗣後更被用於卡納克神廟。這裡收藏者，包含 238 片詮釋阿瑪納時代日常生活場景的珍貴畫面。

❖ 阿蒙霍特普三世與索貝克神坐像

約高 256 公分，雪花石膏。新王國時期。Dahmasha 發現。

索貝克神是鱷魚神，在這尊雕像中，它右手拿著代表生命的安卡 (ankh)，賜予旁邊的法老阿蒙霍特普三世，而奇怪的是，雕像的背後竟有拉美西斯二世的名諱，有的研究者據此推論拉美西斯二世為篡改者，不過也有人認為這是一種後代的保護象徵。

圖 177：阿尼亡靈書 莎草紙片段（忠實攝影複製品）– 圖片來源 Wikimedia Commons Public Domain

圖 178：Gatekeeper Maati 石碑 – 圖片來源 Wikimedia Commons CC0

「美國賓州大學考古學與人類學博物館」(The University of Pennsylvania Museum of Archaeology and Anthropology)

★ 必看經典文物簡介 (86)

❖ 四人組雕像

約高 42 公分，玄武岩。中王國時期。59-23-1。

這是一個較為罕見的家庭組雕，全部四人站成一排，父母雙手交叉站中間，兩個兒子則站兩旁，雕像主角擁有大眼大耳，學者推論這種有點像皇室家庭的構圖，是常見的中王國風格。

❖ 神盾儀式飾物 (Aegis)

約高 17 公分，青銅器。晚王國時期。Mrs. Dillwyn Parrish 所贈。E 13001。

Aegis 整合了類似傳統盾牌保護形式與特定神祇形象，是一種儀式性的物品。這尊飾物上的女神，並未被明確定義，研究者有伊西斯、哈托爾、穆特等多種說法。雖然她的一隻眼睛毀損，但眼神還是非常具有威懾力。

圖 179：Aegis– 圖片來源 美國紐約大都會博物館 Public Domain

❖ 女蛇神雕像

約高 44 公分，石灰岩。晚王國時期。路克索發現。57-18-1。

這類女神蛇究竟是誰，眾說紛紜，有謂是 Meretseger，也有人認為是 Renenutet，甚至有人認為就是伊西斯或哈托爾，但無論如何，個人認為這種雕像，結合了人頭、蛇身、雕滿聖書體銘文的底座，設計上創意十足，是難得一見的佳作。

❖ 浮雕殘片

約高 27 公分、寬 29 公分，石灰岩。晚王國時期。N. Tano 所售。E 14316。

這是一片取自墓室門道的浮雕殘片，之所以介紹這塊看似不起眼的浮雕，最主要是在於工匠的精湛雕工，其上有一頭貓頭鷹，這是最被人所熟知再普遍不過的聖書體字符，但雕刻家竟能雕琢的這麼細緻，就像是路克索拉摩斯墓室內的那些浮雕 (特別是頭髮) 一樣精美。

❖Ka(i) Pura 浮雕殘片墓室西牆殘片

約高 6.82 公尺，石灰岩上色。古王國時期。John Wanamaker 所贈。E 15729。

這片墓室牆壁的欣賞焦點是假門，做得頗為精緻。之前曾提及古埃及人認為死後靈魂可以利用假門的出入來象徵在生前領地與死後世界的連結。上面有密密麻麻的聖書體文字，這些文字都是進獻供品的公式化語句，例如供品清單或墓室主人的頭銜等等。

圖 180：Aafenmut 石碑
圖片來源 美國紐約大都會博物館
Public Domain

「美國俄亥俄州托萊多藝術博物館」(The Toledo Museum of Art)

★ 必看經典文物簡介 (87)

❖Zezen-nakht 石碑

約高 74 公分，石灰岩上色。第一中間期。Edward Drummond Libbey 所贈。1947.61。

Zezen-nakht 是古城底比斯區域的統治人員，這塊石碑也是在附近的 Naga ed-Deir 墓地發現。研究者解讀其碑上銘文大意：這些供品獻給阿努比斯，它是山上的神、包捆木乃伊的人、墓地的主人…我是我父親的最愛、我母親的最愛…云云。

❖ 划船人模型

約高 34 公分，木頭上色。中王國時期。Edward Drummond Libbey 所贈。1972.15。

古埃及人酷愛製作各類型縮小版的模型，主要目的雖是死後服務往生者，但無形之中卻保留了許多當時人們的生活場景片段。看到這十幾個人在齊力划船，你一定會驚呼：我們人類的祖先，在四、五千年前，原來就是這樣划船的，跟現在幾乎一點都沒變。

圖 181：划船模型 – 圖片來源 美國紐約大都會博物館 Public Domain

❖ 阿蒙霍特普石碑浮雕

約高 110 公分，石灰岩上色。新王國時期。Edward Drummond Libbey 所贈。1962.24。

這裡的阿蒙霍特普 (Amunhotep)，也不是當法老的阿蒙霍特普，應是拉美西斯二世時期的皇室書記人員，同時也是醫師與祭司。目前有六片阿蒙霍特普的石碑浮雕，其中四片在柏林埃及博物館，一片在克利夫蘭博物館，一片在蘇黎世大學考古研究所。

❖ 護身符組

約高 5-9 公分，彩陶與黑玻璃。晚王國時期。1925.563 ,1925.531 ,1906.62 ,1906.65。

這裡有四個古埃及人護身符，分別是「荷魯斯之眼」(Wedjat)、「杰德柱」(Djed)、「安卡」(Ankh)、「二隻手指」，前三者較常見，最後的「二隻手指」較為少見，通常是在木乃伊防腐切口附近被發現，有研究者認為這手指應該是阿努比斯的手指。

圖 182：荷魯斯之眼 – 圖片來源 美國紐約大都會博物館 Public Domain

❖ 聖甲蟲護身符

約高 5 公分，硬砂岩。晚王國時期。Henry W. Wilheim 所贈。1927.142。

心型聖甲蟲 (Heart Scarab) 非常受古埃及人喜愛，它總是在木乃伊心臟部位守護著死者的心。上面通常載有亡靈書第 30 B 篇：我的心啊，來自我的母親…千萬不要在陰間審判時反對我…你是我身體內的靈魂，會讓我的肢體統整…。(88)

↓ 圖 183：聖甲蟲大雕像 卡納克神廟 – 作者自攝

「美國密西根州凱爾西考古博物館」(The Kelsey Museum of Archaeology)

★ 必看經典文物簡介 (89)

❖ 奈芙蒂斯木雕

約高 37 公分，木頭上色。托勒密時期。Esrher M. Goudsmit 所贈。KM 2001.01.1。

奈芙蒂斯是九柱神之一，是奧西里斯及伊西斯的妹妹，也是塞特的妹妹及妻子。這尊雕像中她舉起右手，做出哀悼的姿勢，同樣類似的形象，伊西斯也常伴隨著一起出現，而這些畫面通常在木棺的頭部或腳部會有，目的是為奧西里斯哀悼與祈福。

圖 184：奈芙蒂斯雕像 – 圖片來源 美國紐約大都會博物館 Public Domain

圖 185：拉美西斯三世陵墓 – 作者自攝

❖ 狗的木乃伊

約長 57 公分，亞麻布等。羅馬統治時期。Phocion Tano 所購。KM 88821。

薩卡拉與阿拜多斯有成千上萬的狗木乃伊，有些狗木乃伊會被進獻給胡狼(豺狗)神(例如阿努比斯)，有些則會以一般狗的形象保留下來。近期有些研究發現，部分狗木乃伊中並無狗骨頭的成份，甚至有的還是人類小孩的骨頭摻雜其中，顯示有些動物木乃伊根本有造假的情事。

❖ 赫曼努比斯 (Hermanubis) 古錢幣

約直徑 2 公分，青銅器等。羅馬統治時期。KM 42365。

胡狼(豺狗)神阿努比斯的形象，在希臘羅馬時期，漸漸與希臘神祇結合，而成為赫曼努比斯 (Hermanubis)，這裡的古錢幣正面是羅馬皇帝 Philip II，背面是赫曼努比斯，是一個人的外型，頭戴特別的頭飾 (modius)，手持節杖，似乎與原本阿努比斯的形象已相去甚遠，不過，有時還會有小狗或小胡狼坐在背後。

圖 186：孟圖霍特普二世浮雕 – 圖片來源 Wikimedia Commons Public Domain

❖ 三神護身符組

約高 3 公分，彩陶。托勒密時期。Edwin W. Dennison 所贈。KM 1981.5.88。

這是奈芙蒂斯、荷魯斯、伊西斯等三神的護身符組合，從髮型可以判斷這裡的荷魯斯還是小孩時期，但即便如此，荷魯斯位居中央，且高度與其他二神一致，顯示他的地位非比尋常。

❖ 阿努比斯木雕

約高 10 公分、長 22 公分，木頭上色。晚王國時期。Bay View Association Collection 所購。KM 1971.2.185。

古埃及的胡狼 (豺狗) 形象的神有好幾位，例如 Wepwawet、Duamutef、Khentiamentiu 等，但最為人所熟知的還是阿努比斯，它總是有著炯炯有神的雙眼，長到垂地的尾巴，豎立起來的大耳朵，也始終是人氣最旺的神祇之一。

↓ 圖 187：哈特謝普蘇特祭廟
圖片來源 Wikimedia Commons/Ptitben/Public Domain

「英國利物浦博物館」(Museum of Liverpool)

★ 必看經典文物簡介 [90]

❖ 肩馱瓶罐老者木雕

約高 21 公分，木頭。新王國時期。

一個老者躬著身體，頭部背部頂著一個大瓶罐，身著古埃及短裙 (Kilt)，學者推測這諾大瓶罐應該不算太輕，裡面可能裝的可能是化妝用品，左手本來可能還有一根棍棒用來攪拌，整體形象相當寫實。

❖ 七聖油盛油板

約長 12 公分，覊石。新王國時期。

這個盛油板很特別，上面有七個圓形小凹槽，旁邊有七種聖油的名稱，這些油品應是萃取自不同植物，可能是非常制式化的成品，學者推測應該自古王國時期就在使用了。七聖油包含 …等等。

圖 188：埃德富 荷魯斯神廟浮雕 – 作者自攝

❖ 貝斯神青銅鏡

約高 14 公分，青銅器。新王國時期。

貝斯神雖是一種相貌醜惡的家庭保護神，但信仰卻深植於民間，即便古埃及的國家主神常隨著法老與王朝更迭而轉變，這類民間信仰卻不易改變。這種銅鏡固然有生活上的用途，但置於墓中，就另外蘊含著生命力及重生的意義。

❖ 塞尼特棋

約高 17 公分，彩陶。新王國時期。阿拜多斯 (Abydos) 發現。

塞尼特棋，與 Hounds and jackals 棋，都是古埃及人常見的休閒娛樂活動，這些遊戲也常以墓室壁畫、木棺彩繪或實體模型等形式陪同往生者到來生。實際玩法雖不可考，但顯然是現代棋類的濫觴。

圖 189：塞尼特棋 – 圖片來源 Wikimedia Commons Public Domain

圖 190：狒狒雕像 – 圖片來源 美國俄亥俄州克利夫蘭藝術博物館 CC0

❖ 涼鞋

約長 30 公分，棕梠葉。新王國時期。

除了達官顯要外，古埃及人大部分時間是不穿鞋的，而且穿涼鞋 (人字拖) 也是在特定場合，學者認為就古埃及禮儀而言，通常穿涼鞋是在有長者尊者在的場合才穿。此外，若能提長者尊者的鞋，也是一種別榮耀，一般稱為 Sandal Bearer（提鞋人或涼鞋人）。

「埃及太陽船博物館」(Solar Boat Museum)

★ 經典文物簡介

❖ 古埃及太陽船（現已遷移）

太陽船博物館就在古夫大金塔南面，最主要的展品即為一艘復原後的古老太陽船。關於太陽船的原始製作目的，迄今學界仍眾說紛紜。有謂古埃及人執著於人死後可以重生，太陽船就是讓法老死後追隨太陽神之用，僅具有象徵性；有謂太陽船實際上是古夫的殯葬船，具有實用性。太陽船坑在 1954 發現，這艘約由 1200 多塊木板製成的古船，當時約被拆成 650 多個部分。學者推測這些木板主要應為黎巴嫩杉木，都是上好的造船材料。古船復原工作花了整整 11 年，博物館則於 1982 年開放參觀。這是迄今所發現世上最完整最古老的船隻之一[(91)]。

圖 191：太陽船的陰間旅程 拉美西斯四世陵墓－作者自攝

「俄國聖彼得堡冬宮博物館」(Hermitage Museum)

★ 經典文物簡介

❖ 聶非爾列胡預言莎草紙殘片

聶非爾列胡預言 (或那夫爾提預言 Prophecy of Neferti)，據學者研究，抄本文獻來源是俄國聖彼得堡冬宮博物館 (或列寧格勒博物館 / 艾米塔什博物館 / 艾米塔吉博物館，Hermitage Museum) 的館藏第 1116B 號莎草紙，論者謂故事背景雖是在古王國時期，但實際上應是中王國時代的創作。故事大意為，聶非爾列胡是斯奈夫魯 (Sneferu) 時代的智者，曾預言國家將遭致毀滅，但未來有一位來自南方的救世主「阿曼尼」(Ameny) 會拯救埃及，而這所謂的南方「阿曼尼」，指的就是第十二王朝的開國君主阿蒙涅姆赫特一世 (Amenemhat I)。不過，上述部分內容在學界仍有爭論 (92)。

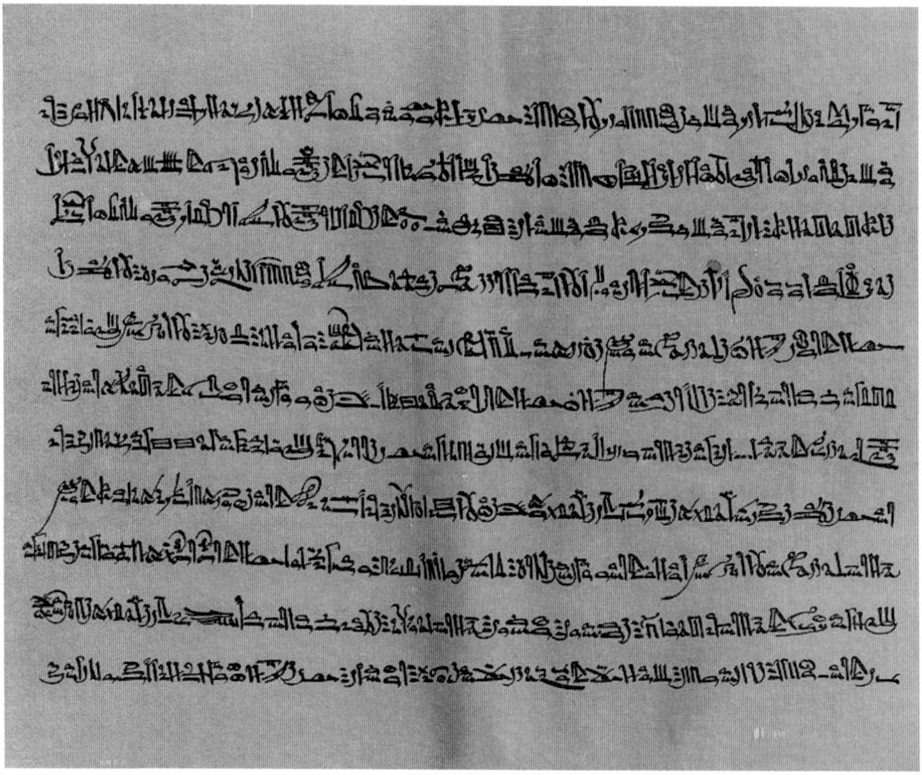

圖 192：Harris 莎草紙 (複製品) – 圖片來源 Wikimedia Commons Public Domain

「俄國莫斯科普希金美術博物館」(The Pushkin State Museum of Fine Arts in Moscow)

★ 經典文物簡介

❖ 莫斯科數學莎草紙

莫斯科數學莎草紙 (Moscow Mathematical Papyrus 或 Golenishchev Mathematical Papyrus) 與其他數學莎草紙，例如英國大英博物館的蘭德數學莎草紙 (Rhind Mathematical Papyrus)、The Egyptian Mathematical Leather Roll、皮特里博物館的 Lahun Mathematical Papyrus、德國柏林埃及博物館的 The Berlin Papyrus 6619 等，都是古埃及流傳下來最知名的莎草紙數學文獻之一，數學問題向來燒腦，喜歡文物又喜愛燒腦的不妨來試試。

圖 193：狒狒與赫普利－圖片來源 美國紐約大都會博物館 Public Domain

第九章　古埃及文物外展精品點描

「美國賓州大學考古學與人類學博物館」

◎展出地點：國立歷史博物館。(古埃及文物展)

◎展出時間：1985 年 [93] 。(* 文物巡禮與點描部分，是筆者實際參觀展覽或閱覽參展圖錄與相關資料後的心得摘要)

❖ 龜形調色板

約長 12 公分，硬砂岩。前王朝時期。涅伽達或巴拉斯 (Ballas) 發現。

研究者推斷在早期前王朝時期的調色板，多為純幾何圖形，嗣後到了涅伽達二期，才開始有魚形或龜形的其他樣式。類似的龜形調色板，波士頓美術博物館等也都有收藏。

圖 194：孟卡拉三人組雕像 – 圖片來源 Wikimedia Commons Public Domain

❖ 奧西里斯青銅像

約高 52 公分，青銅器。發現地點與年代不詳。

頭戴 Atef 冠，一手拿著連枷，一手持著曲柄杖，就是典型的奧西里斯形象，相傳它是一位史前時期備受古埃及人愛戴的法老，也是人類的第一具木乃伊。

❖Nebenteru 人形棺

約長 172 公分，木頭彩繪。第三中間期。發現地點不詳。

人形棺是古埃及相當具有特色的墓葬文化遺存，在這副木棺上，由上而下，阿努比斯、奧西里斯、伊西斯、奈芙蒂斯、托特…等，眾大咖神祇幾乎全部都到齊了。

圖 195：Hounds and jackals 棋－圖片來源 美國紐約大都會博物館 Public Domain

❖ 貝斯神立像

約高 21 公分，彩陶。發現地點與年代不詳。

貝斯神偶爾會吐出舌頭，看似搞笑，實則古埃及人都把它當作勇士、家庭保護神，也經常與分娩、生育相關，例如在晚期埃及，生育室內時常可以看到貝斯神。

❖ 蛇形頭飾

約高 17 公分，木頭上色。第三中間期。路克索發現。

Uraeus 是埃及地區常見眼鏡蛇之一，也是女蛇神 Wadjet 的圖騰，之後則象徵下埃及，這尊頭飾主體 Uraeus 上方還有類似紅冠的外型，用以象徵王權。

圖 196：帶耳香水瓶－圖片來源 美國紐約大都會博物館 Public Domain

「德國若瑪與佩里宙斯博物館」(Roemer und Pelizaeus Museum)

◎展出地點：國立自然科學博物館。(古埃及的今生與來世特展)

◎展出時間：2000 年 [94]。

❖ 伊西斯與奈芙蒂斯木雕

約高 38-39 公分，木頭與金箔。晚王朝時期。

伊西斯與奈芙蒂斯是對姊妹，她們頭頂上的飾物分別代表幾個聖書體字，椅子 (王座) 及籃子 (主人) 房屋 (棺室)，這姊倆與其兄長間狗血的劇情，是古埃及神話的最大亮點之一。

❖ 三合一神像木雕

約高 54 公分，木頭彩繪。托勒密時期。

古埃及晚期，Ptah (孟斐斯主神普塔神)、Sokar (下埃及死神索卡神)、Osiris (冥界之王奧西里斯神)，逐步融合為 Ptah-Sokar-Osiris，雕像也呈現多位一體的特別整合。

圖 197：阿瑪納時期公主 Nina de Garis Davies 等畫作
圖片來源 美國紐約大都會博物館 Public Domain

❖ 叉鈴

約高 28 公分，青銅器。托勒密時期。

叉鈴，也有稱為祭鈴，是古埃及人載歌載舞或祭司主持典禮時，常會使用的一種打擊樂器，這個叉鈴除了有常見的哈托爾神頭外，上面還有一頭可愛的小貓。

❖ 枕頭

約高 24 公分，雪花石膏。古王國時期。吉薩高原發現。

第一次看到圖坦卡門的枕頭時，曾想：這種枕頭人要怎麼睡呀？但研究者謂這個雪花石膏頭枕，是在吉薩某墓中被發現，當時往生者的頭就放在上面呢！原來這也是一種死後永恆的象徵。

圖 198：枕頭 – 圖片來源 美國紐約大都會博物館 Public Domain

❖ 托特神像

約高 8 公分，青銅器。晚王國時期。

托特神是智慧之神，地位不低，而它時常也以狒狒或朱鷺鳥形象出現。相傳文字就是托特神所創造，不知當時是否也如倉頡造字時「天雨粟，鬼夜哭」呢？

「法國羅浮宮博物館」

◎展出地點：國立科學工藝博物館等。(羅浮宮埃及文物展)

◎展出時間：2004 年 [95]。

❖Neferibreemheb 及 Horemakhbit 夏勃悌群像

約高 16 公分等，綠陶 (彩陶)。晚王國時期。薩卡拉發現。

夏勃悌是古埃及人的陰間夥伴，讓死者得以在另一個世界使喚。研究者推論，除了一天一位外，有的還會加上督導工人，所以理論上應有四百多個，展覽時若一字排開，場面甚為壯觀。

❖ 哈托爾女神哺乳雕像

約高 7 公分，埃及藍釉 (彩陶)。晚王國時期。

類似伊西斯與荷魯斯哺乳的畫面的雕塑不少，有時是 Renenutet(眼鏡蛇頭)，但這次則是牛頭的哈托爾女神。牛頭上除了圓盤，還有駝鳥的羽毛，頗為特別。

圖 199：Kom Ombo 神廟天花板 – 作者自攝

❖Bakenmout 莎草紙

約高 22 公分、長 100 公分，莎草紙。第三中間期。

畫面的最右邊，可看到阿蒙神的祭司 Bakenmout，首先被帶到奧西里斯及伊西斯的面前，之後阿努比斯則帶領他進入冥界，越過重重關卡，最左邊則是火湖上的死屍（一說為溺死者）。

❖ 書吏的調色板

約長 17 公分、寬 8 公分，雪花石膏。新王國時期。

除了有儀式性用途者(例如那爾邁調色板)外，大部分調色板都具有實用性，這塊雖已斷裂不全，但仍然可看出置放顏料的凹槽，上面的聖書體字大部分是獻給智慧之神托特等。

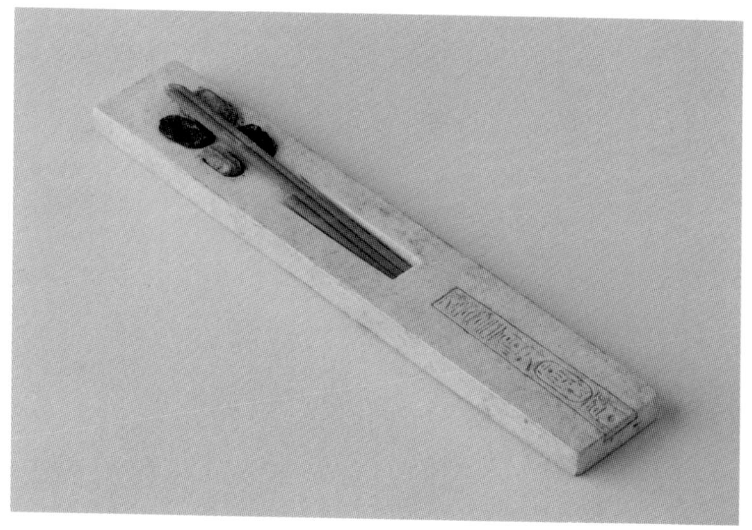

圖 200：書吏工具 – 圖片來源 美國紐約大都會博物館 Public Domain

❖ 兩尊人面獅身雕像

約高 1.09-1.19 公尺、長 2.39-2.49 公尺、寬 0.73-0.78 公尺，黑色玄武岩。新王國時期。

Borghese 所購的人面獅身雕像，研究者推論應有經過後世的整修，且整體肌肉線條過於誇張。個人認為雖然壯碩美觀，但頭與身體似乎不太合乎比例。

圖 201：哈特謝普蘇特人面獅身像 – 圖片來源 美國紐約大都會博物館 Public Domain

「英國大英博物館」

◎展出地點：國立故宮博物院。(大英博物館 250 年收藏展)

◎展出時間：2007 年 [96]。

❖Neskhons 卡諾皮克罐

約高 36-42 公分，雪花石膏。新王國時期。戴爾巴哈里 (Deir el Bahari) 發現。

卡諾皮克罐，是以 Imsety、Hapy、Qebhsennuef、Duamute 等四位荷魯斯的兒子為名來裝死者內臟的容器，此處所展出的這組卡諾皮克罐，顏色栩栩如生，是罕見保留的較完整者。

圖 202：烏納斯金字塔 薩卡拉 – 圖片來源 Wikimedia Commons Public Domain

❖ 奧西里斯神龕

約高 90 公分，石灰岩。新王國時期。

這尊奧西里斯像，是書吏 Pasanesu 所敬獻，較為特別者，是它被置於神龕中，周圍被包覆著，而神龕的頂部，除了有一頭老鷹雕像外，上面還刻有法老阿蒙霍特普三世的名字。

圖 203：阿蒙霍特普一世與王后圖案複製品 – 圖片來源 Wikimedia Commons Public Domain

❖ 木乃伊蓋板

約高 162 公分，木頭彩繪。第三中間期。路克索發現

關於這具人形棺蓋板，似乎有些未經證實的傳言，例如說它與鐵達尼號沈船有關，所以，「不幸的木乃伊蓋板」(The Unlucky Mummy Board) 大名便不脛而走。

❖**Nesitanebtasheru** 亡靈書片段

約長 51 公分、寬 40 公分，莎草紙。第三中間期。戴爾巴哈里 (Deir el Bahari) 發現。

Nesitanebtasheru 是阿蒙神的女祭司，這份亡靈書雖是以僧侶體寫成，但圖畫的風格頗類似同樣收藏在大英博物館的安海沙草紙，文體工整且畫面細緻。

❖ 塞赫邁特女神坐像

約高 143 公分、寬 42 公分，閃長岩。新王國時期。路克索發現。

獅頭塞赫邁特女神，最為所人知的，便是相傳她曾因接獲拉神命令懲罰人類，但嗣後卻又殺紅了眼，最後因紅色酒類 (一說葡萄酒) 魚目混珠替代了人血，令其昏睡而讓人類逃過一劫。

「英國伯頓博物館」(Bolton Museum)

◎展出地點：國立中正紀念堂等。(木乃伊傳奇：埃及古文明特展)

◎展出時間：2011 年 [97]。

❖ 瑪阿特神雕像

約高 8 公分，銅合金。晚王朝時期。

瑪阿特女神，最主要的特徵就在於頭上的羽毛，亡靈書的秤心場景絕對少不了她，實際上，代表「公理」「正義」「秩序」的她，在古埃及文化中的價值，似乎被嚴重低估了 [98]。

❖ 印和闐雕像

約高 14 公分，銅合金。晚王朝時期。

好萊塢的大片「神鬼傳奇」早把印和闐 (Imhotep) 給妖魔化了，事實上，他不僅是左塞王階梯金字塔 (世界最早的金字塔) 的設計者，甚至後來還成為古埃及的醫藥之神。

圖 204：亡靈書 埃及開羅博物館 – 作者自攝

❖ 聖瓶 (Situla)

約高 17 公分，銅合金。晚王朝時期。薩卡拉 (Saqqara) 發現。

Situla 是可盛放液體的瓶狀器具，推測主要是神廟祭祀儀式所用，上面偶爾也有荷魯斯、普塔、伊西斯等諸神樣式雕塑，與中國古代的禮器，頗有類似之處。

圖 205：Situla– 圖片來源 美國俄亥俄州克利夫蘭藝術博物館 CC0

❖ 杰德柱

約高 26 公分，木頭上色。晚王朝時期。薩卡拉 (Saqqara) 發現。

研究者普遍認為杰德柱在古王國時期甚至更早就已經有了，最早可能與普塔神有關聯，而在中 / 新王國時期則更與奧西里斯信仰聯結，被視為奧西里斯的脊椎，故也常被作為護身符。

圖 206：杰德柱 – 圖片來源 美國紐約大都會博物館 Public Domain

❖ 心型護身符及串珠項鍊

約長 26 公分，水晶、玻璃等。新王朝時期。阿拜多斯發現。

心型或聖甲蟲護身符，通常都置放於心臟部位，串珠是古埃及常見的飾物，這裡的串線則是後世的輔助產品。若論古埃及珠子研究領域的權威，已故中國考古前輩夏鼐先生絕對是箇中翹楚。

「英國大英博物館」

◎展出地點：國立故宮博物院。(大英博物館藏埃及木乃伊：探索古代生活特展)

◎展出時間：2017 年 [99]。

❖ 護身符群組

約高 11 公分等，彩陶、黑曜石等。新王國及晚王國時期。EA 12235 等。

這些護身符分別是「荷魯斯之眼」(Wedjat)、「杰德柱」(Djed)、「伊西斯結」(提耶特 Tit/Tyet/Tiet/ Isis Knot) 等。其中，有研究便認為伊西斯結是指伊西斯所流出之血液或其生殖器的象徵。

圖 207：伊西斯結 – 圖片來源 美國紐約大都會博物館 Public Domain

❖ 塔穆特 (Tamut) 木乃伊

約高 155 公分，木乃伊。第三中間期。路克索發現。EA 22939。

木乃伊塔穆特 (Tamut)，其生前應是神廟的女歌者 (Chantress)，而透過科技檢測顯示，她可能與現代人的三高一樣，也是飽受心血管疾病的困擾，可見文明病自古即有。

❖ 塞赫邁特女神立像

約高 180 公分，閃長岩。新王國時期。路克索發現。EA 72。

相傳塞赫邁特女神，是太陽破壞力的代表，被拉神派來人間懲奸除惡，但「暴力女神」的她卻差一點滅絕了人類，所以古埃及有一些節日與儀式，可能都是用來安撫她的。

❖ 幼童木乃伊

約高 85 公分，木乃伊。羅馬統治時期。Hawara 發現。EA 22108。

這具木乃伊的性別本有爭議，近來透過斷層掃描的技術，已證實他是個小男孩。雖然是早夭，但還能被製成木乃伊，相較阿瑪納時期建城的那些苦力青少年，應該算是比較幸運的了。

❖ 奈絲塔沃婕特 (Nestawedjet) 木乃伊

約高 151 公分，木乃伊。第三中間期。路克索發現。EA 22812b。

研究者從這具木乃伊的保存良好狀況來看，推斷她應屬上層階級人士，但由於生殖器部位的填充物，也讓她曾被誤認為男性多年，所幸透過現代科技還她「女兒身」。

圖 208：Eduard Gaertner 畫作 – 圖片來源 Wikimedia Commons Public Domain

「英國大英博物館」

◎展出地點：中國大陸上海博物館。(古埃及藝術珍品特展)

◎展出時間：1999 年 [100]。

❖ 阿匹斯神牛雕像

約高 17 公分、長 15 公分，青銅器。晚王國時期。EA 37448。

阿匹斯神牛是普塔神的化身之一，通常以牛頭兩角間太陽圓盤的形象出現，當它死後，會製成木乃伊，並像法老一樣隆重下葬。

圖 209：蘭德數學莎草紙（忠實攝影複製品）– 圖片來源 Wikimedia Commons Public Domain

❖ 鷹頭靈魂雕像

約高 20 公分，青銅器。晚王國時期。EA 11498。

這尊右膝跪下、右手彎臂的鷹頭人，原是史前時期代表下埃及都城佩 (Pe) 的靈魂象徵，後來也成為下埃及的保護神之一，所以又稱為「佩的鷹頭靈魂」。

❖ 貴族婦人浮雕

約高 72 公分，石灰岩。中王國時期。el-Bersha 發現。EA 1150。

這幅浮雕位於第十二王朝一位地方官 Djehutyhotep 的墓室，研究者推論被刻畫者應是墓主人的妹妹，這裡也可以明顯看出古埃及繪畫中「兩手同面」的有趣畫面。

❖ 貓女神手持叉鈴雕像

約高 27 公分，青銅器。晚王國時期。EA 25565。

這裡的貓女神不只一隻，大貓神腳邊還有四隻小小貓，而大貓神手上還拿著一隻叉鈴，難怪貓女神貝斯特，除了被視為生殖之神、守護女神外，也是歡慶之神。

圖 210：拉神重生 莎草紙（忠實攝影複製品）– 圖片來源 Wikimedia Commons Public Domain

❖ 動物諷刺畫 (Satirical Scenes of Animals Aping Humans)

約高 9 公分、寬 54 公分，莎草紙。新王國時期。EA 10016。

這幅諷刺畫非常有名，裡面可看到獅子羚羊在下棋…等，而動物也都像人類一樣用雙腳站立，據悉這些畫作都是有特定目的的。我是看不太懂啦，不知客倌您看得懂嗎？

「加拿大皇家安大略博物館」(Royal Ontario Museum)

◎展出地點：中國大陸南京博物院等。(法老・王：古埃及文明與中國漢代文明的故事 特展) * 於中國大陸多所博物館巡迴展出時有不同特展名稱

◎展出時間：2016 年 [101]。

❖ 埃及艷后雕像

約高 63 公分、寬 33 公分，花崗岩。托勒密時期。

克麗奧佩脫拉七世就是大家俗稱的埃及艷后，也是古埃及最後一位法老，實際上，她應該不算是埃及人，而是古希臘人(馬其頓人)的後裔。

圖 211：醫師阿蒙霍特普墓室浮雕 – 圖片來源 美國俄亥俄州克利夫蘭藝術博物館 CC0

❖ 鍍金木乃伊面罩

約高 46 公分、寬 28 公分，木頭彩繪。羅馬統治時期。

世人最熟知的古埃及面罩，是圖坦卡門的黃金面具，事實上一般人也常見鍍金的面罩。這面罩上有伊西斯及奈芙蒂斯兩女神各自面對小小木乃伊表示哀悼的畫面，甚為傳神。

❖ 阿努比斯雕像

約高 24 公分、長 21 公分、寬 85 公分，木頭彩繪。晚王國時期。

大家所熟知的阿努比斯，是墓地的守護者與木乃伊防腐神，但相傳它也是奧西里斯與奈芙蒂斯「一夜情」下的產物。這尊雕像磨損較為嚴重，一對招牌豎耳已看不到了。

圖 212：阿努比斯雕像 – 圖片來源 美國紐約大都會博物館 Public Domain

❖ 阿蒙神立像

約高 32 公分、寬 5 公分，青銅器。晚王國時期。

阿蒙神本來只是地方小神，但隨著崇拜它的法老越來越發達，「神以王貴」，讓它也躍昇為埃及帝國的國家主神。雕像上戴著太陽圓盤及雙羽毛，神態英姿勃勃。

❖ 紙莎草節杖護身符

約高 3 公分，彩陶。晚王國時期。

紙莎草在埃及是被廣泛運用的在地植物，其最重要的副產物是被後世拿來書寫的莎草紙，而今日的紙「Paper」，可能也是源自於 Papyrus 一詞。這類型節杖護身符並不多見，頗為精巧。

圖 213：Khonsu 卡諾皮克罐箱－圖片來源 美國紐約大都會博物館 Public Domain

「德國柏林博物館」

◎展出地點：中國大陸上海博物館。(柏林·上海：古代埃及與早期中國文明 特展)

◎展出時間：2017 年[102]。

❖ 王后雕像

約高 55 公分、長 12 公分、寬 15 公分，硬砂岩。新王國時期。藏品號：10114。

這尊雕像的身分並未完全確認，但學者從其手持連枷、頭戴眼鏡蛇、太陽圓盤，加上製作之精美等跡象，推測有可能是女神化的奈菲爾塔莉。

❖ 筒形印章

約高 4 公分，石灰岩。中王國時期。藏品號：7981。

筒形印章的利用，相當具有巧思，它可以輕易地運用滾動，在各類載體上用印與封印，在古埃及史前時期就有這類設計，而這組印章上面則有法老阿蒙涅姆赫特三世的名字。

❖ 戒指殘件

約高 2 公分，彩陶。新王國時期。藏品號：14529。

這是枚戒指的殘部，上面刻有法老阿肯那頓的王名圈，研究者謂這種橢圓形戒指在上面刻有王名圈的設計，在阿肯那頓在位的阿瑪納時期非常流行。

➔ 圖 214：Minemheb 雕像
圖片來源 美國俄亥俄州克利夫蘭藝術博物館 CC0

❖ 青銅斧刃

約高 7 公分，青銅器。早王國時期。藏品號：31000。

阿哈 (Aha) 是第一王朝的法老，他是否即為那爾邁或美尼斯、或他們的繼任者，學界各有不同堅持。在這副青銅斧刃上，有載明阿哈王名的矩形方框 (Serekh/代表宮殿，即王名圈的前身)。

❖ 青銅鷹像

約高 25 公分，青銅器。晚王國時期。藏品號：22605。

荷魯斯是古埃及早期王權的重要象徵，此處這尊青銅鷹像，製作精良完美，絲毫不遜於埃德富神廟 (Edfu Temple) 內的神鷹立像。

圖 215：Tatiaset 木碑 – 圖片來源 美國紐約大都會博物館 Public Domain

「義大利都靈埃及博物館」

◎展出地點：中國大陸山西博物院等。(金字塔・不朽之宮——古埃及文明 特展)

* 於中國大陸多所博物館巡迴展出時有不同特展名稱

◎展出時間：2018 年[103]。

❖ 哈倫海布幕室之門(含過樑及左右兩門框)

約高 156-159 公分，石灰岩。新王國時期。

學者推論這個墓室主人屬於新王國時期的官員哈倫海布，最上層過樑上方為帶翼日輪，中間為奧西里斯及阿努比斯位居右左兩側，前方則擺滿眾多供品。

❖ 亡靈書

約長 303 公分、寬 17 公分，莎草紙。羅馬統治時期。

這份亡靈書是以新王國早期較流行的草寫聖書體 (Cursive Hieroglyph) 寫成，不是僧侶體，而阿努比斯牽引亡者覲見奧西里斯的畫面很特別，亡者頭部似往後縮，感覺不太想前進，甚是有趣。

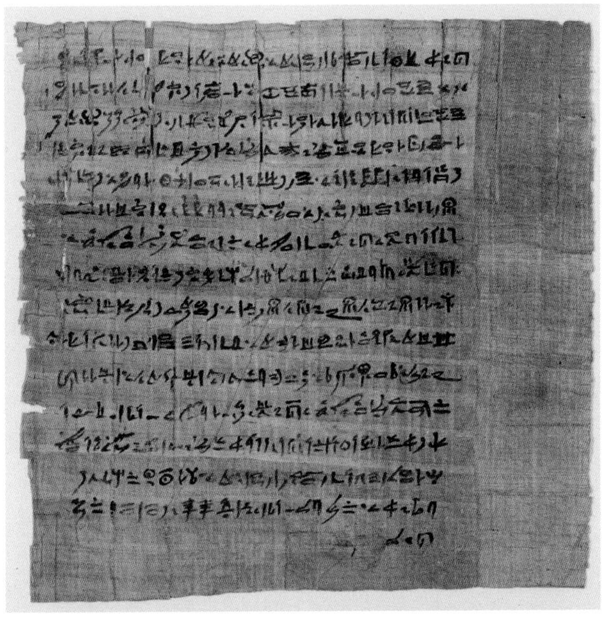

圖 216：Buiruhar 亡靈書 – 圖片來源 美國俄亥俄州克利夫蘭藝術博物館 CC0

❖ 浮雕殘片

約高 36 公分、寬 48 公分，石灰岩。新王國時期。路克索發現。

這塊浮雕很有意思，它讓難得湊在一起的鼎鼎大名諸神到齊，排排站吃果果，由左至右為奧西里斯、阿努比斯、普塔、穆特…，至於內容則因毀損較嚴重而難以完全辨識。

❖ 阿布考石碑

約高 138 公分、寬 77 公分，石灰岩。中王國時期。阿拜多斯發現。

從這石碑的雕塑設計，可以看出工匠的一絲不苟，上方是井然有序的聖書體碑文，中間有墓主夫妻與六名子女，最下方為各十二人的隨葬隊伍與供品清單(都已表格化，厲害！)。

❖ 圖特摩斯三世石碑

約高 113 公分、寬 60 公分，石灰岩。新王國時期。

有研究者推論這塊石碑是圖特摩斯三世的還願碑，但似乎是未完成的，因為下半部空白平整，本來應該是要有文字的，至於上半部則為法老圖特摩斯三世與敏神。

圖 217：Userhat 墓室浮雕 – 圖片來源 美國俄亥俄州克利夫蘭藝術博物館 CC0

「開羅埃及博物館」

◎展出地點：日本東京國立博物館等 (世界四大文明 - 古埃及文明特展 /NHK 75 週年)

◎展出時間:2000 年(日本圖錄資料與開羅博物館不同之處，均以開羅博物館為準) (104)。

❖ 卡諾皮克罐

約高 38 公分 (日本圖錄資料為 52 公分，此處參考開羅博物館資料)，雪花石膏。新王國時期。

這是帝王谷 KV 55 墓中的人頭卡諾皮克罐，研究者推論應該屬於阿肯那頓的大女兒。由於右眼眉毛顏色已退，反而顯現它有種類似挑眉的獨特魅力。

圖 218：阿蒙霍特普三世群組巨像 埃及開羅博物館 – 作者自攝

❖ 裸女泳姿暨鴨頭形化妝容器

約長 30 公分，木頭。新王國時期。

這種前半部是鴨子身軀，後半部則是裸體女子水平游泳姿勢，組合而成的淺碟化妝容器 (Cosmetic Spoon)，之前在羅浮宮博物館等館藏部分也曾介紹過類似者，真是古埃及人獨具巧思的設計。

❖ 蛇碑 (Serpent Stela)

約高 161 公分，花崗岩。新王國時期。

巨蛇 (Cobra 或 Serpent) 在古埃及文化中占有重要角色地位，這塊碑上的蛇是指保護神 Ahanefer，研究者認為它在陰間也肩負保護奧西里斯的使命。

圖 219：供奉供品石碑 – 圖片來源 美國俄亥俄州克利夫蘭藝術博物館 CC0

❖**Ramessesnakht 與底比斯三神雕像**

約高 40 公分，石灰岩。新王國時期。

Ramessesnakht 是阿蒙神廟的高級祭司，底比斯三神是指阿蒙神 (Amun)、穆特神 (Mut) 及孔蘇神 (Khonsu) 一家三口。此處 Ramessesnakht 以跪姿手捧三神，虔誠敬拜。

❖ 圖特摩斯一世頭像

約高 100 公分，砂岩。新王國時期。

圖特摩斯一世是埃及新王國強盛時代的開端，除了子嗣哈特謝普蘇特女王及圖特摩斯三世都十分優秀外，他也是首位將法老陵墓置於帝王谷的先驅。這尊頭像，遠看就像哈特謝普蘇特。

圖 220：吉薩高原 David Roberts 畫作 – 圖片來源 美國俄亥俄州克利夫蘭藝術博物館 CC0

「開羅埃及博物館」

◎展出地點：日本東京上野之森美術館等 (圖坦卡門法老王展 - 黃金的祕寶和少年王的真實)

◎展出時間：2012 年。(日本圖錄資料與開羅博物館不同之處，均以開羅博物館為準) [105]。

❖ 帶翼聖甲蟲胸飾 (Pectoral with a Winged Scarab)

約高 14 公分，半寶石、玻璃漿、黃金等。新王國時期。路克索發現。

圖坦卡門的這件胸飾，形制頗複雜，上有聖蛇、太陽船及荷魯斯之眼，中間的綠玉帶翼聖甲蟲最為特別，下方則有紙莎草與蓮花等植物，是非常精美的飾物。

圖 221：多柱廳 卡納克神廟 – 圖片來源 Wikimedia Commons Public Domain

❖ 兩尊分別戴紅冠及白冠的雕像 (Two Status of the King with the Red Crown & the White Crown)

約高 59-75 公分，木頭鍍金。新王國時期。路克索發現。

這幾尊圖坦卡門的鍍金雕飾，我猜可能也是當年讓初窺墓室的卡特眼睛覺得刺眼的文物之一，這些象徵圖坦卡門手持連枷、曲柄杖及槍矛的雕像，都被刻畫的栩栩如生。

❖ 頭戴努比亞式假髮的夏勃悌 (Shawabti with Nubian Wigs)

約高 54 公分，木頭、黃金。新王國時期。路克索發現。

服務圖坦卡門的夏勃悌很多，這個較為特別，因為他還戴上了努比亞人捲曲式的假髮，其實還有另一尊是手持兩支連枷的 (但沒有曲柄杖)，這樣的缺失似乎並不尋常。

❖ 黃金匕首

約長 31 公分，黃金、半寶石、玻璃漿等。新王國時期。路克索發現。

圖坦卡門有兩把匕首，這把是黃金的，還有一把是隕鐵製的，其實古埃及並不擅長冶鐵，大多利用天然的隕石鐵礦打磨，這也恰好給人想像與大作文章的空間 (例如古埃及人與地外文明是否有關係…等等)。

圖 222：Nesykhonsu 人形棺
圖片來源 美國俄亥俄州克利夫蘭藝術博物館 CC0

❖ 圖坦卡門半身人體模型 (Mannequin)

約高 76 公分，木頭上色。新王國時期。路克索發現。

有研究認為這尊圖坦卡門的上半身雕像，沒有雙臂，應該是讓這少年國王的裁縫師做衣服時使用的人體模型。雕像稚氣未脫，很可能就是照著圖坦卡門幼時的相貌來製作。

「義大利波隆那考古博物館」、「荷蘭萊登博物館」等多家博物館聯展

◎展出地點：義大利波隆那考古博物館 (Bologna, Museo Civico Archeologico) [106]

◎展出時間：2015-2016 年。(Egypt Millenary Splendour- The Leiden Collection in Bologna)。

❖Usai 的木棺與內棺

約長 224 公分，木頭彩繪。晚王國時期。路克索發現。MCA-Bologna EG 1957、EG 1962。

這個木棺造型較為特別，棺蓋上面還有兩尊阿努比斯，側面則為帶翼日輪與奈芙蒂斯等女神，內棺則為一尊瑪阿特女神，畫面十分恬淡素雅。

❖Henutneferet 石碑

約高 32 公分，石灰岩。新王國時期。RMO-Leiden AP 62。

石碑畫面呈現難得的父子同台，右手邊是阿蒙霍特普二世，左手邊則是他的父親圖特摩斯三世，中間則是牛腿等諸多供品。

圖 223：丹德拉黃道十二宮畫作 – 圖片來源 Wikimedia Commons Public Domain

❖**Djehuty 石碑**

約高 88 公分，石灰岩。新王國時期。RMO-Leiden AP 56。

這是典型的獻祭場面，上半部有人拿蓮花與叉鈴，供養奧西里斯及瑪阿特，下半部則有人用薰香來獻祭，後面還可以明顯看出哀悼女子的眼淚呢！

❖ **載有圖特摩斯三世王名圈的書吏調色板**

約長 37 公分、寬 7 公分，木頭。新王國時期。MCA-Bologna EG 3136。

之前在羅浮宮博物館借展品曾看到可置放顏料的凹槽書吏調色板，這裡也來了一副幾乎一樣的，不同的是，上面的聖書體字在有圖特摩斯三世的王名圈。

❖ **幼童石碑**

約高 52 公分，石灰岩上色。羅馬統治時期。RMO-Leiden F 1961/9.1。

這是不知名幼童的葬祭石碑、只見這小孩眼珠活靈活現，手上抱著小飛禽與葡萄之類的物品，想必是來不及長大的他生前最喜愛的物品，讓人看了不免感傷。

圖 224：Amarna Letters
圖片來源 Wikimedia Commons Public Domain

「開羅埃及博物館」

◎展出地點：中國大陸上海展覽中心、北京國家博物館等。(古埃及國寶展)

◎展出時間：2003-2004 年。(第五屆中國上海國際藝術節…等)[107]

❖ 法老索貝克霍特普坐像

約高 119 公分，花崗岩。第二中間期。路克索發現。

這裡的法老索貝克霍特普 (或索白克荷太普 Sobekhotep)，個人不確定是哪一位 (因為光是第十三王朝名叫 Sobekhotep 的法老，就有七位)，不過雕像倒是中規中矩的手持連枷與曲炳杖。

❖ 那斯帕卡舒提書吏坐像

約高 80 公分，硬砂岩。晚王國時期。路克索發現。

本尊書吏像，是第二十六王朝 Psamtik III 法老時期擔任維西爾的那斯帕卡舒提，有謂此一時期的藝術展現風格，顯然有想要復興古埃及過往榮光與舊式風格的企圖，可惜時不我予。

❖ 墓葬俑

約高 23 公分，雪花石膏。新王國時期。路克索發現。

這裡展示的墓葬俑，形制與一般的夏勃悌不盡相同，不過，功能上倒是一樣，同為古埃及人專屬的陰間夥伴，代替死者於來世勞動。

圖 225：夏勃悌組 埃及開羅博物館 – 作者自攝

❖ 腹身呈現孕婦形狀的瓶子

約高 20 公分，雪花石膏。新王國時期。

這種可裝液體的小瓶子，推論應該是拿來裝藥膏或油膏所使用的，特別是在埃及這麼乾燥炎熱的地區，為懷孕婦人塗抹滋潤保護皮膚的油膏，是有其必要的。

❖ 鴨子形狀化妝盒

約長 14 公分，木頭。年代不明。薩卡拉 (Saqqara) 發現。

這種鴨子形狀化粧盒與先前曾介紹的裸女泳姿暨鴨頭形化妝容器，外觀不盡相同，但功能還是類似的，鴨子可放眼線膏或油膏，鴨背可當作盒蓋，古埃及人對化妝用品的運用，確實有創意。

圖 226：鏡子 – 圖片來源 美國紐約大都會博物館 Public Domain

第十章　古埃及與中國

漫談華人世界的埃及學發展

埃及學一直以來都不是大熱門的學科，首先，即使它是一個需要科際合作的綜合學門，卻往往被歸類為世界上古史中的一個小環節，僅是考古學、歷史學或東方學中的一小部分，其次，由於埃及學在發展初期，法國、英國、德國及美國等先進國家參與較深，研究論文也多以法文、英文或德文發表，若不在這些現代語言及古代語言下功夫，很難一窺究竟，再者，古埃及文各書寫體的深度學習，也絕對不是短期內就能一蹴可及的，最後，就算你十八般武藝兼備之後，會發現在這個工商社會中，似乎也沒有多少適合你的工作機會，研究多半也只能是純興趣。

還記得曾在網路上看過一篇關於荷蘭萊登大學的埃及學教授 Robert Demaree 求學時的報導，他曾打趣地回憶，大一時教授劈頭就告訴他，你知道讀這個畢業會找不到工作嗎？顯然，純研究難當飯吃，這個課題在全世界都一樣 [108]。

即便如此，過往在臺灣，仍有少數優秀的埃及學家為耕耘臺灣的埃及學默默付出，例如國內埃及學權威——中央研究院及臺大歷史系的蒲慕州教授，其「尼羅河畔的文采：古埃及作品選」、「法老的國度：古埃及文化史」均是國內外擲地有聲的鉅著，只可惜他現在的研究重鎮已轉往香港中文大學。此外，若不論臺大的莎草紙專家張瑞林教授（「埃及學」與「莎草紙學」雖有交集，但研究範疇不盡相同），近年來獲得國外埃及學博士學位青壯派學者，例如徐詩薇教授及黃咨玄教授，目前也都分別在天津南開大學及廣州中山大學任教。

感覺上，學院派的埃及學研究在臺灣稱不上多，然而，這些似乎又與每逢古埃及相關展覽必定爆滿的人潮有點矛盾。不過，在臺灣的埃及迷還是很幸運，因為還有「古埃及練習曲」、「福克斯的古埃及文學校」、「新月社講座」、「楓樹林出版」、「閣林出版」、「智冠科技文化莎草紙文物展覽」、「時藝多媒體」、「聯合報系文化基金會」、「九觀文化」、「頑石創意」、「雅痞書店講座」、「埃及旅遊講座」、各大博物館…等藝文界、旅遊業、出版業之非官方或非學院派的有心人士默默地補充臺灣的埃及研究能量。

若將鏡頭轉向海峽對岸，中國大陸的埃及學研究起步雖晚，但似乎也正在蓬勃發展中。

圖 227：古夫大金字塔 – 作者自攝

上個世紀八零年代初，有鑑於體認到例如埃及學、亞述學等世界古代史缺少相關研究人才，中國大陸史學界前輩林志純教授結合周谷城及吳于廑教授等人，聯名發表「世界古典文明史研究在我國的空白必須填補」等文，並呼籲教育單位建立世界古典文明研究機構，而中國大陸首位埃及考古博士已故前輩夏鼐先生也給予鼎力支持 (109)。自此以降，藉由重點挑選優秀學生、聘請國際級專家、積極培養古埃及文、西亞楔形文字等古代語言的專業人才，並引進科普特語辭典及〈埃及考古學雜誌〉等國際專業期刊…，華人的埃及學正在昂首闊步。

經過多年的發展，位於長春的東北師範大學世界古典文明史研究所已然是中國大陸埃及學的搖籃之一，並由此開枝散葉，陸續培育出國內外學有專精的青壯派學者，而上海復旦大學等研究單位也成立了埃及研究中心，社會科學院考古研究所也積極推動埃及考古，同時，埃及學界也廣泛參與國際埃及學事務，例如參加國際埃及學家大會與投入埃及遺址的考古工作等等。

當然，許多老師與研究單位前仆後繼地在這片處女地上耕耘與創作，對埃及學在中國大陸的紮根及中文化發展，更是功不可沒。例如，

1) 已故林志純教授所著的《古代埃及和兩河流域》、《世界通史資料選輯》…等。

2) 已故劉文鵬教授所著的《古代埃及史》、《埃及考古學》…等。

3) 已退休吉林大學令狐若明教授所著的《埃及學研究：輝煌的古埃及文明》…等。

4) 北京師範大學周啟迪教授所著的《文物中的古埃及文明》、《古代埃及文明》…等。

5) 北京大學顏海英教授所著的《中國收藏的古埃及文物》、《守望和諧：探尋古埃及文明》及所譯的《重構古埃及》、《埃及古珠考》…等。

6) 東北師範大學李曉東教授所著的《埃及歷史銘文舉要》、《古代埃及》及所譯的《探尋古代埃及文明》…等。

7) 上海大學郭丹彤教授所著的《古代埃及象形文字文獻譯註》、《古代近東文明文獻讀本》、《古代埃及新王國時期經濟文獻譯註》…等。

圖 228：圖特摩斯四世記夢碑臨摹複製品 – 圖片來源 Wikimedia Commons Public Domain

8) 復旦大學金壽福教授所著的《古埃及亡靈書》、《法老：戴王冠的人間之神》…等。

9) 北京師範大學王海利教授所著的《失落的瑪阿特：古代埃及文獻《能言善辯的農民》研究》、《法老與學者:埃及學的歷史》、《古代埃及神話故事》…等。

10) 山西大學李模教授所著的《古代埃及祭司研究》…等。

11) 社會科學院世界歷史研究所郭子林研究員所著的《古埃及托勒密王朝專制王權研究》…等。

12) 天津師範大學袁指揮教授所譯的《埃及神話》…等。

13) 曲阜師範大學張赫名博士所著的《古代埃及的王權演變與喪葬習俗》…等。

此外，越來越多的國際古埃及展覽，也讓中國大陸的民眾得以更接近埃及文化。例如，

1) 1999 年「英國大英博物館」於上海博物館之(古埃及藝術珍品特展)。

2) 2003-2004 年「開羅埃及博物館」於上海展覽中心、北京國家博物館等之(古埃及國寶展)。

3) 2016 年「加拿大皇家安大略博物館」於南京博物院等多家博物館之(法老・王：古埃及文明和中國漢代文明的故事特展)* 巡迴展出時有不同特展名稱。

4) 2017 年「德國柏林博物館」於上海博物館之(柏林・上海：古代埃及與早期中國文明 特展)。

5) 2018 年「義大利都靈埃及博物館」於山西博物院等多家博物館之(金字塔・不朽之宮——古埃及文明)* 巡迴展出時有不同特展名稱。

6) 2019 年「義大利佛羅倫斯考古博物館」於山東博物館等多家博物館之(不朽之旅——古埃及人的生命觀 特展)* 巡迴展出時有不同特展名稱。

期許兩岸未來能在埃及學研究領域上，都能更上一層樓。

圖 229：打擊敵人 圖特摩斯三世 – 圖片來源 Wikimedia Commons Public Domain

古埃及文物與近代中國

古埃及與中國雖同為文明古國，但時空的距離讓兩國似乎未產生直接交流，因為當華夏文明進入鼎盛時，古埃及文明已接近尾聲，此外，網路上雖偶有中國文明源自埃及或埃及文明源自中國的說法，但大多為缺乏考證依據的假說。

若真要論兩國的實際接觸，應該要到中世紀了，例如蒙古人西征的鐵蹄兵敗於埃及馬穆魯克王朝，只不過此時的埃及已不是法老時代的埃及，而是阿拉伯文化世界了。「蜜徐籬」、「米息」、「密思兒」…等名稱，是《諸蕃志》、《瀛崖勝覽》、《回回館譯語》等中國古籍中對埃及地區的稱呼，指的是阿拉伯語 Misr 的音譯。

圖 230：淨身 Kom Ombo 神廟 – 作者自攝

古埃及文明失落之後，諸多遺蹟遭受破壞，不計其數的文物更流落他國，誇張到甚至許多歐美的微型博物館竟然也有為數不少的古埃及文物典藏。官方都如此了，私人收藏想必更多了。此景不由得令人聯想到同為淪落人的近代中國文物處境。

之前曾看過央視紀錄片「新絲綢之路」介紹，光是新疆柏孜克里克千佛洞中一小面壁畫，被掠奪切割後就分別散居英國大英博物館、印度德里國立博物館、德國民族博物館、韓國國立博物館、日本東京國立博物館及俄國冬宮博物館等處。

或許同為東西方列強的文物掠奪對象，中國的博物館中幾乎看不到古埃及文物的收藏。不過，晚清以來，中國官方陸續走出國門，因此，也實地接觸到了埃及與古埃及文物。例如，郭嵩燾、張蔭桓、薛福成…等清末官員，紛紛留下了初探古埃及文物的軌跡 [110]，不過，若真要論及收藏，應屬晚清的大臣端方了。端方雖然後來被革命黨所弒，但生前卻是頗負盛名的金石學家與收藏家。

TUAN FANG, ACTING VICEROY OF HU KUANG.

圖 231：清朝大臣 端方
圖片來源 Wikimedia Commons Public Domain

根據北京大學知名埃及學家顏海英教授鍥而不捨地研究，多年以來從北京大學賽克勒考古與藝術博物館、國家博物館庫房、北京大學理教地下室、北京大學圖書館善本部…等處，逐步整理出多件當年端方等所收藏的古埃及文物及其複製品，我們才得以窺視這些近代中國首批古埃及文物收藏[111]。

端方的收藏，並非掠奪而來，是當年在出國考察經過埃及時輾轉購得，而且由於他是金石專家，對文字的觀察較為敏銳，所以他的收藏也較偏向載有古埃及文字的石碑，民國初年上海一家書局，曾出版《埃及五千年石刻》，大多是他當年所藏石碑的拓片[112]，其中還有「此埃大刻是專質文字視他刻殊解密泰西博大家解釋而讀之」的親筆題記。前述《埃及五千年石刻》中端方的購物清單中，也揭露其所購文物共有 83 件，不過仍有部分目前尚未能覓得實物，此節也期待顏海英教授持續為大家揭密，並將最終研究成果展示[113]。

端方在其出訪流水帳文中曾發出「…為言埃及國勢式微，受役外族，文明古國不能自強，至于如此，可為感嘆…」之感慨[114]，個人認為這或許也是這批文物的「再發現」，對大家最富教育意義的啟示。

圖 232：Hierakonpolis 文物舊相片－圖片來源 Wikimedia Commons Public Domain

中國人在埃及的考古身影

埃及學自 1822 年發展至今，已有兩百年，就考古探索部分，經過早期的粗暴掠奪式發掘與不光彩的文物交易階段，已逐步邁向科學化的考古探勘記錄與肩負文物保存任務的新里程碑。

在埃及考古的科學領域上，由於歷史、人才與資金因素使然，詮釋考古資料的話語權向來都是由歐美先進國家所掌握，即便是本土埃及人的埃及考古研究，起步也是相當的晚，所幸透過不斷地努力，迄今已逐步佔有一席之地。

中國向來就以文明古國自居，隨著國力增強，考古科研技術也逐步與歐美國家接軌，而且由於考古資源發達衍生出獨特的中國式經驗，讓中國人的考古能量與文物古蹟修復能力逐漸走出國境。

近年來中國社會科學院、各大學文博學院等考古隊陸續執行越南、蒙古、俄羅斯、沙烏地阿拉伯、烏茲別克、肯亞水下考古、宏都拉斯馬雅遺址等國家的海外考古計畫，或參與柬埔寨吳哥遺址周薩神廟與茶膠寺等古蹟修復與考古研究，都是最佳的例證。

圖 233：Kom Ombo 神廟 舊景
圖片來源 美國俄亥俄州克利夫蘭藝術博物館 CC0

圖 234：法老卡夫拉祭廟
圖片來源 Wikimedia Commons Public Domain

社會科學院外國考古研究中心主任王巍曾云：「獲取一手資料，而非經過轉譯的二手資料」[115]，相信這是海外考古研究的扎根基本功與重要意義所在。

2016 年 7 月，中國社會科學院創新工程重大項目「赴埃及考古發掘和研究」成功立項，同時，社會科學院考古研究所邀請國內外知名埃及學專家，先後舉辦十三場埃及考古專業學術講座，對埃及學和埃及考古的若干重要問題進行探討，之後更集結成冊《埃及考古專題十三講》。

在多方努力之下，2018 年 10 月，中埃雙方簽署「社會科學院考古研究所和埃及文物部合作和互動協議」(或謂中埃路克索孟圖神廟聯合考古專案協議)，11 月 29 日，中埃路克索孟圖神廟聯合考古專案第一個工作季度開始，這是中國考古隊有史以來首次赴埃及進行考古發掘，埃及的考古舞台首次有了中國人國家團隊的身影[116]。

據媒體報導，考古研究所副研究員賈笑冰曾表示：「接到這個任務時，心情很激動。埃及和中國一樣，有著燦爛的古代文明，相信對於任何一位考古學家來說，去這樣的國度從事考古發掘與研究，一定是一件很興奮的事情[117]。」

孟圖神是古埃及戰神，其崇拜雖然由來已久，而古埃及中王國時期也有不少法老以孟圖神為名，不過孟圖神廟目前卻委身在路克索卡納克神廟旁邊，一般遊客幾乎不會涉足。之前法國考古隊等團隊曾探查多年，但近年來則較少相關研究。

依據賈笑冰老師「走進神王世界——埃及卡爾納克北部孟圖神廟發掘記」講座中披露，聯合考古的工作目標是「在實踐中產生對於中埃兩國古老文明內涵的思考與啟迪」、「促進中埃文化友好交流」、「團隊將充分發揮中國考古學長期積累的多地形條件下大遺址發掘、城址發掘經驗，在全面獲取資料信息的基礎上，

布局、營建順序、功能分區等問題得出新的認識。在此基礎上，探索孟圖神廟在新王國時期底比斯地區的歷史地位和作用」[118]，我們也期待團隊如期如質達標。

據媒體報導，埃及文物部人員曾表示，與埃及開展聯合考古的國家很多，目前至少有250個國際考古隊在埃及進行考古發掘、考古研究及相關的文物保護等工作，僅僅在路克索地區，就有十數支國際考古隊，現在，總算把中國考古隊盼來了，填補了境內沒有中國考古隊進行任何考古和研究作業的空白。埃方看好中方的技術、設備、精湛水準和專業精神，相信雙方攜手，定能破譯出孟圖神廟古文明的神秘密碼。同時，也有媒體報導，埃及考古隊稱讚中國考古力量雄厚，這次考古研究令他們察覺到孟圖神廟諸多細節，而這也是他們難以企及的[119]。

這兩則報導，個人相信這應該不全然是溢美之辭，而是科研與經驗交流的好處，但中國考古隊也不宜就此自滿，畢竟埃及的考古領域太深太廣了，還有很多值得深究與成長的空間。

當然，有褒就有貶，也有媒體報導指出，每每埃及有重大考古發現時，歐美權威媒體都會發表專欄追蹤報導，而此次中國考古隊聯合埃及考古隊進行的孟圖神廟發掘工作，卻讓不少西方媒體選擇沉默不語[120]。

個人願意相信，只要持續精進，做出好成績，世人終究會看得到華人在埃及考古的努力的。

最後，藉此一隅援引知名埃及學家金壽福教授「循著夏鼐先生的足跡——記中國在埃及的首次考古發掘」乙文所言：「…1938年初，在開始撰寫博士論文之前，夏鼐先生在艾爾曼特遺址做了為期一個月的考古實習。之後，他專門到路克索尋古和探訪。他在同年2月4日的日記中寫了如下一段話：『時已近11時，我要赴 Temple of Montu（孟圖神廟），驢夫甚覺驚怪，謂為什麼專找這些人家罕來的殘石塊參觀，放著偉大的阿蒙神廟(即卡納克神廟)不去。因為堅持要去，沒法子，他只好跟我來。孟圖神廟…，都很殘破荒涼，還不及穆特神廟湖光寺影，風景引人，放在阿蒙神廟之旁，自然罕有人來觀光。』即將以古埃及串珠作為博士論文題目的夏鼐先生對孟圖神廟這個人跡罕至的廢墟情有獨鍾，是否預示了什麼？[121]」

不論是否巧合，抑或是這段因緣而刻意選址，目前這項聯合考古工作仍在進行中，期許未來兩岸華人的埃及考古，都能有不錯的好成績。

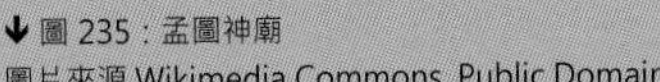

↓ 圖 235：孟圖神廟
圖片來源 Wikimedia Commons Public Domain

夏鼐先生與埃及古珠考

近代考古學研究方法逐步確立後，中國人也開始運用考古科學來補強史學與文獻的研究不足之處，隨著安陽殷墟等重大考古遺址發掘，二十世紀初葉，中國人也開始有了我們自己的考古研究者，中央研究院歷史語言研究所是當時的研究基地之一，之後兩岸分治，一部份的研究人員來到臺灣接續日本人的研究陸續為臺灣考古而奔走，而中國社會科學院考古研究所則成為海峽對岸的考古研究重鎮。

圖 236：夏鼐先生－圖片來源 Wikimedia Commons Public Domain

被譽為中國埃及學之父，已故的中國社會科學院副院長暨考古研究所名譽所長夏鼐先生，是兩岸分治後中國大陸考古界的奠基人之一，有趣的是，夏鼐雖然在中國考古領域研究數十年，原本學習中國美術史的他，卻是中國有史以來第一位埃及學家，更曾深耕埃及考古領域，並師從皮特里 (Flinders Petrie)、伽丁納 (Alan Henderson Gardiner)、格蘭維爾 (Stephen Glanville) 等大咖老師的指導。

夏鼐研究的埃及考古主題，是罕有人深耕的古埃及串珠 (Ancient Egyptian Beads)，而這部備受國內外學者讚譽有加的博士論文，在 2020 年終於正式出版中文本，中文版名稱為「埃及古珠考」，由中國大陸知名埃及學家顏海英教授、田天博士及劉子信博士等考古專家執筆翻譯。

圖 237：夏鼐先生的《埃及古珠考》– 作者自藏

茲援引書中英國著名埃及學家斯蒂芬夸克 Stephen Quirke 於〈導言：21 世紀見及夏鼐的「埃及古珠考」(On Receiving Xia Nai Ancient Egyptian Beads in the Twenty-first Century)〉中所言：「在埃及考古中，一部研究著作在時隔六十五年後才出版是很罕見的，除非由於歷史或檔案方面的原因。這樣的原因對於一個在不平凡的數十年發掘與研究中引領中國考古的人所撰寫的博士論文，自然是會起作用的。然而即使夏鼐生平和治學方法的研究者們，也可能不了解他的博士論文在很大程度上代表了埃及考古學乃至非洲內外歷史研究方面，人們期待已久的關鍵性進展。…誠然，以串珠為中心開展考古研究的任何計畫，在當時都會招來強烈的質疑，而且反對者頗多。夏鼐注意到了這一點，也認為他們的擔心不無道理，他明確指出：『我們在認可珠子作為考古學證據的優勢時，也不能忽略其侷限性』。…夏鼐的博士論文太成功，讓倫敦其他學者望而卻步，他們不想花一生精力重覆這項工作…。要讓珠飾研究這個至關重要的領域得以重生，這部論文及支持其研究的圖譜資料的出版，正是缺席已久的必要條件。這是因為(普通珠子)能為我們提供普遍珍惜的東西，那是我們最具物質性的、最為親密的聯繫，及人類活生生的身體與可以感知的意識層面的聯繫。[122]」

誠如北京大學歷史系博士生李夢怡「埃及古珠考」讀後感中所言：「雖然距離夏鼐先生完成這部專著過去了大半個世紀，但他廣闊的視野、獨到的選題、科學系統的研究方法為中國的埃及學和考古學都留下了寶貴的財富。[123]」

這真是值得華人驕傲的一刻。

不論是過往中國人的埃及學研究選題(埃及串珠)，抑或是當前埃及考古的切入點(路克索的孟圖神廟)，都有著華人的獨特視角。

圖 238：Kom Ombo 神廟浮雕 – 作者自攝

第十一章　古埃及與水下考古

泛論水下考古 (Underwater Archaeology)

水下考古活動，是指水面環境下的考古作業，包含在海洋、湖泊、河流…等處所為之考古調查、探勘及發掘工作。鑒於學術起源的多元性及涵蓋範圍界定等緣由，向來也有 Maritime Archaeology、Marine Archaeology、Ship Archaeology、Nautical Archaeology…等名稱，中文或日文漢字亦有以「水中考古」、「海洋考古」、「船舶考古」、「海底考古」…等稱之，但目前多以水下考古與 Underwater Archaeology 泛稱之。

水下考古不是水下撈寶，而是考古研究之一環，屬於特殊考古學，著重於社會科學研究中考古資料之蒐集記錄與整理。除了隨遺址或沉船殘骸發現而提出研究目標、進而蒐集資料、試掘與探勘、就地保存或規劃出水文物保存及研析、最後詮釋其所帶來之全新的文化意義…，方為符合科學化的水下考古活動。

就實際作業面而言，水下考古是科際整合的活動，諸如海難沈船與水下遺址等歷史文獻整理、地理資料研析、現地勘查、海面及水下偵測作業、人員潛水測繪及錄影記錄、無人載具之運用…等等，緣此，水下考古既辛苦又危險，特別是水下作業環境困難程度與資金需求，均遠遠高於陸上考古。

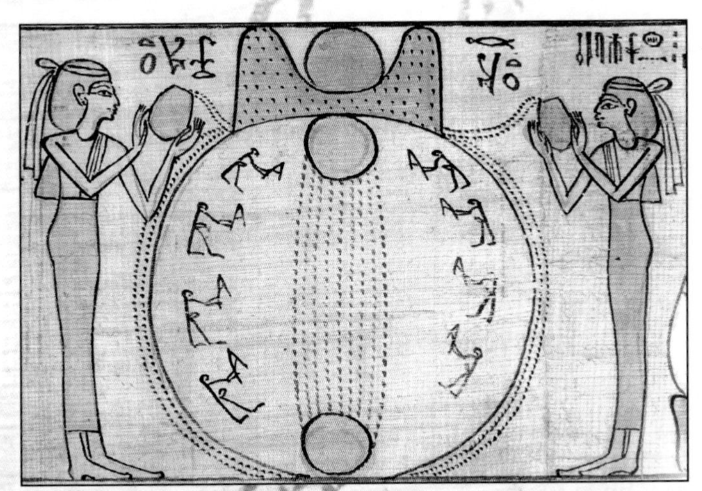

圖 239：創世神話 – 圖片來源 Wikimedia Commons Public Domain

圖 240：《沉沒世界探索啟示錄》及《潛進歷史 水下考古特展展覽專刊》– 作者自藏

隨著近一個世紀以來水下技術、無人載具與潛水設備的逐步發展，讓這一領域的研究不再是那麼遙不可及。已故的水下考古之父——喬治巴斯 George F. Bass，其所建立的水下考古作業理論與標準，透過這半世紀在世界各地的實踐，讓水下考古儼然已成為最重要的考古領域之一。

再者，埋藏於海底的文化遺產與水下遺址等水下文明遺存，均為人類文化史上的無價寶藏，聯合國教科文組織《保護水下文化遺產公約》等諸多海洋法律的發展，也都揭示了文化保存的重要性原則。所以，無論是水下考古或水下文化遺產，都是海洋文化保存的重要議題。

此外，除了歐美已有許多海事考古博物館或水下博物館外，中國大陸重慶三峽大壩旁也建造了「白鶴梁水下博物館」，廣東也有了「海上絲綢之路博物館」，其水晶宮所保存的便是亟負盛名的古沈船「南海一號」，而臺灣的十三行博物館，也有諸多虛擬實境的水下考古特展，這些都是透過保存而帶來的觀光價值與經濟效益。引領大眾親近水下文化，絕對是最好的歷史教育課題之一。

海峽兩岸的水下考古，自上世紀九零年代以來，有著不同的進展。個人於十餘年前即加入「中華水下考古學會」(目前已更名為中華水下文化資產學會)，也曾參與十三行博物館 2009 年「潛進歷史：水下考古特展」之策展，後來雖因故沒有能繼續深耕這個領域，但也算見證了臺灣水下考古的草創期的艱難，於此，期待兩岸的水下考古，未來都能有更好的研究發展。

有關水下考古及水下文化遺產議題，有興趣更深入的探討，可另參閱拙著「沉沒世界探索啟示錄」乙書。

埃及的水下考古

埃及兩面環海 (地中海及紅海)，有關水下遺址的保存，除了上世紀六零年代為避免修築大壩可能遭受尼羅河淹沒的阿布辛貝神殿與菲萊島伊西斯神殿之遷移工程外，持續進行中的主要還是聚焦在北方三角洲瀕臨地中海的亞歷山大港 (亞歷山卓城 Alexandria) 的水下考古。

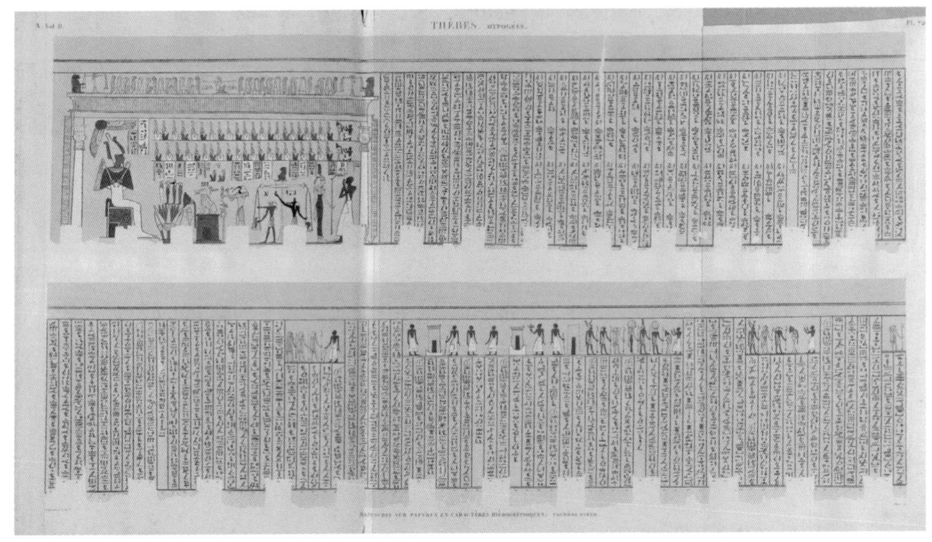

圖 241：埃及記述 Description de l'Égypte 片段－圖片來源 Wikimedia Commons Public Domain

其一，為古代七大奇觀之一的「法羅斯島（Pharos）燈塔」的之探查。據傳該燈塔建於托勒密時期亞歷山大港附近的法羅斯島上，高約一百四十公尺，西元十四世紀時因地震而倒塌，其部分殘塊嗣後則用於蓋特貝城堡 (奎貝堡 Qaitbay)。自上世紀九零年代法國及埃及組成聯合團隊進行探查，目前仍在持續進行中。

其二，則為亞歷山大港古城的探勘發掘。

若提到亞歷山大港古城的水下考古，就不能不提到法籍水下考古學家法蘭克戈迪奧 (或譯高狄歐 Franck Goddio)。早年的戈迪奧是位財務顧問專家，越戰期間也曾擔任法國在越南、寮國等國家的財務顧問，並曾設立協助開發中國家的沙烏地開發基金會，但斜槓的他骨子裡卻有著其外祖父 (Éric de Bisschop，知名的航海探險家、現代雙體船的發明者)的冒險本色[124]。

戈迪奧等人於 1987 年成立了歐洲水下考古研究所 IEASM(Institut Europeen dArcheologie Sous-Marine)，開啟了一連串的沈船考古與水下遺址的探查等水下考古活動，而其團隊最知名的探勘，便是自上世紀末起在埃及亞歷山大港之水下發掘[125]。

現在戈迪奧除了是牛津大學的訪問學者外，亦為國際知名的水下考古專家。

2000 年左右，戈迪奧的團隊在亞歷山大港 Abukir Bay 發現了水底下的 Thonis-Heracleion(赫拉克利翁 / 伊拉克利翁 / 赫拉克利安，Thonis 是其古希臘名，Heracleion 據傳與希臘神話中的大力士神海力克士有關)、Canopus、Naukratis 等古城的一部分，2021 年更發現可能是遭受神廟巨石撞擊而導致沉沒的沈船殘骸。

Thonis-Heracleion 及 Canopus，位於尼羅河下游三角洲 Canopic 支流出海口附近，由於地處環地中海世界的重要據點，這兩座古城，在西元前四世紀亞歷山大大帝征服古埃及前，因為長期以來人民與物產彼此的交流與貿易，當地早已興盛至少三百多年了，據悉希臘史學之父希羅多德也曾在著作中提及這個都城。

在水下古城最知名的出水文物 Thonis-Heracleion 石碑上，仍可以清楚看到古埃及晚王國時期第三十王朝 Nectanebo I 法老(奈克塔內博一世 / 內克塔內布一世)的王名圈。

可惜的是，可能由於地震或海嘯，西元後這些古城逐漸破敗了，人民也不得不被迫放棄這個區域，只留下斷桓殘壁在水面之下，有待後人來追思憑弔。

戈迪奧於埃及亞歷山大港之較早期水下發掘作業部分，Discovery 頻道曾推出「Cleopatra's Palace: In Search of a Legend」(中譯為「埃及艷后的皇宮：尋找一代傳奇」)紀錄片介紹之，近年也有國家地理頻道「海底大探索：沉沒的埃及古城」等較新的紀錄片持續追蹤之，而大英博物館則於 2016 年 5 月到 11 月間聯合歐洲水下考古研究所 IEASM 與埃及多家博物館，展出部分出水文物，展覽名稱即為「Sunken Cities : Egypt's Lost Worlds」。

大英博物館館長 Hartwig Fischer 於上述特展出版之圖錄序言曾讚稱：

「Thonis-Heracleion 及 Canopus 等古城的重現，大大地衝擊了我們對古代埃及的認知 (126)」，這段話也為埃及的水下考古價值寫下了最好的註腳。

目前對於這些水下遺址的研究仍在進行中，未來對公眾開放的水下文化博物館也都在持續規劃中，或許有朝一日我們都可以親炙其水下的壯麗奇景。

圖 242：鐵達尼號 沉船殘骸 (source: NOAA 美國海洋暨大氣總署)– 圖片來源 Wikimedia Commons Public Domain

▪ 「大英博物館」(Sunken Cities : Egypt's Lost Worlds) 沉沒古城特展必看經典文物簡介

▲借展博物館：「開羅博物館」、「亞歷山大希臘羅馬博物館」、「亞歷山大國立博物館」、「亞歷山大海事博物館」、「Bibliotheca Alexandrina Antiquities Museum」、「英國牛津阿什莫林博物館」、「英國劍橋菲茨威廉博物館」等[127]。

(* 簡介部分，是筆者閱覽參展圖錄與相關資料後的心得摘要)

❖Thonis-Heracleion 石碑

約高 199 公分，黑色花崗閃長岩。晚王國時期。亞歷山大國立博物館 285 SCA 277。

這塊石碑是戈迪奧團隊這些探查行動最重要的出水文物之一，上面銘文所載為古埃及聖書體，內容為 Nectanebo I 法老於西元前 380 年在 Sais 的奈特 (或奈斯 Neith) 女神神廟頒布的法令，依據規定，稅收的一定比例應該給予神廟。

❖ 豐產神像石雕 (Fertility Figure/God Hapy)

約高 540 公分，紅色花崗岩。托勒密時期。亞歷山大海事博物館 SCA 281。

這座沒有任何銘文的巨大神像，被發現時是破碎的七大塊，經過重整後，外觀形象上是一個偏胖的男性，手持供品桌的殘塊，頭頂則有下埃及的紙莎草殘存外型，研究者推論應是 Hapy 神，代表豐產的尼羅河神。

❖ 克麗奧佩特拉三世石雕

約高 220 公分，花崗岩。托勒密時期。亞歷山大國立博物館 SCA 283。

這尊石像被發現時，也是斷裂為好多殘塊，之後透過重新修復整理，外觀是一位丰姿綽約的女王，胸部飽滿性感，身上裝扮成伊西斯女神形象，頭上有 Uraeus 神蛇裝飾，左手有局部叉鈴，研究者認為這雕像具備典型的希臘與埃及混合藝術風格，推論應是克麗奧佩特拉三世。

❖ 法老與皇后石雕

約高 490-500 公分，紅色花崗岩。托勒密時期。亞歷山大海事博物館 SCA 279、280。

這兩尊巨像被發現時已是五大殘片，矗立在 Amun-Gereb 神廟前，法老的身形甚為壯碩，頭戴白冠，皇后則體態優美，頭部為哈托爾女神的圓盤，至於是哪一位托勒密時期法老則尚有爭議。

❖Amun-Gereb 小神龕 (Naos)

約高 174 公分，粉紅色花崗岩。托勒密時期。亞歷山大海事博物館 SCA 457。

Naos，是古埃及的一種小神龕，外觀上頗類似於我們常見供奉土地公的石造神龕。這個神龕矗立在神廟遺存的西部，其銘文大多已腐蝕難認，研究者僅能辨識出這是 Amun-Gereb 神廟的儀式殘存。

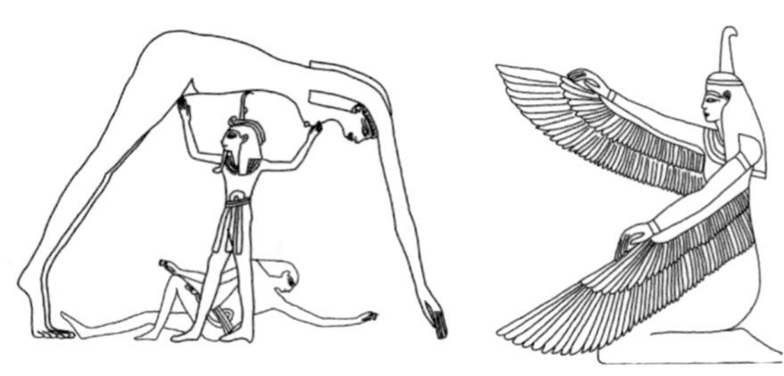

圖 243：Nahkt 墓室壁畫 Norman de Garis Davies 等畫作 – 圖片來源 美國紐約大都會博物館 Public Domain

圖 244：埃及學之父 商博良
圖片來源 Wikimedia Commons Public Domain

第十二章　古埃及與「靈魂轉世？」

國家地理頻道早期在八零年代曾有一部紀錄片「埃及：永恆之路 (Egypt:Quest for Eternity)」，除了介紹古埃及文化的點點滴滴外，影片中有一個人特別吸引我，那就是 Omm Sety 女士。

紀錄片中有這麼一段，一群埃及學界同好為她慶祝大壽，她開心地手持寫滿古埃及聖書體文字的聖甲蟲護身符，口中念著上面的銘文：…請不要在審判日出來作證指控我…，並笑著說：讓我們為親愛的老朋友拉美西斯二世乾一杯吧！…

1981 年，就在影片拍攝後不久，她也離開了人世。

圖 245：Nebsen 方尖碑組 – 圖片來源 美國紐約大都會博物館 Public Domain

Omm Sety，她最為人所津津樂道的故事，便是有關於她前世為法老塞提一世時代神廟女祭司的事蹟。

沒錯，就是靈魂投胎轉世的故事。

這裡先與大家釐清，古埃及人的靈魂觀中，雖有所謂的「卡」、「巴」及「阿赫」(或稱轉化後的「英靈」)，但其實古埃及人似乎並沒有靈魂投胎轉世的概念，埃及人所追求的「來世永生」，指的是靈魂結合不朽肉體(木乃伊)，「轉化」後的來世生活，那是指在另一個境域的來世，而不是「死而復生」或「轉世」、「輪迴」，又回到現世或另一世。所以，嚴格說來，轉世與古埃及人的靈魂觀是有所扞格的。

回到 Omm Sety 女士的故事，她本名為 Dorothy Louise Eady，於 1904 年出生在英國的平凡家庭，但在人生成長階段，由於一些異於常人的表現，她卻逐步被人側面發覺，同時也自認自己與古埃及有關，到了埃及彷彿就像回到了老家，而許多關於古埃及的知識，包含古埃及文，也幾乎是一點就通，甚至是無師自通，漸漸地大家也對於她的特殊能耐嘖嘖稱奇，

婚後她移居到了埃及，兒子名叫 Sety，而她也因此被稱為 Omm Sety，意謂 Sety 之母。

最令人驚訝的，便是她述說了前世是古埃及新王國時期法老塞提一世時代神廟女祭司的驚人事蹟，在前世中，她的名字叫 Bentreshyt，更與法老塞提一世大談禁忌的戀愛…。

當然，不乏有人半信半疑，甚至嗤之以鼻，很多人也想質疑她轉世事蹟的真實性，有一次埃及古物部官員就曾利用黑暗的背景，讓她摸索神廟牆壁壁畫的位置，但精確的結果卻讓人大呼驚奇，她甚至還能說出尚未為他人所知悉的細節…[128]。

圖 247：菲萊島神廟
圖片來源 Wikimedia Commons/Ptitben/Public Domain

圖 246：Sehetepibre 浮雕 – 圖片來源 美國紐約大都會博物館 Public Domain

鑒於她豐富的古埃及學養，許多古埃及專家也都與她多所交流，甚至讚譽有加，而她也研究並出版了不少關於古埃及民俗的著作。例如，她在 1969 年至 1975 年間研究許多從古代流傳下來風俗的現代實踐，也在 2008 年由知名埃及學家 Nicole B. Hansen 編輯出版，書名「Omm Sety's Living Egypt: Surviving folkways from Pharaonic Times」，更由底比斯研究專家 Kent Weeks 寫序推薦。

Kent Weeks 曾表示，「學者們從不懷疑 Omm Sety 實地觀察的準確性。作為一個民族誌研究專家、現代埃及鄉村生活的參與者和觀察者，幾乎沒有人能與之匹敵…。(129)」

Omm Sety 最後長眠於古埃及聖地阿拜多斯，而這也是法老塞提一世神廟的所在地。

第十三章　古埃及的諷刺情色

本章內容涉及些許兒少不宜的情色議題，請自行斟酌閱讀。

在一般大眾心目中，古埃及給人的印象似乎是恢弘莊嚴的，甚至是有點莊重死板的，要嘛是巍峨的金字塔神廟建築，要不就是正經八百地追求來生與永恆，情色二字，這麼俗不可耐的事，似乎與古埃及有那麼一點距離感。

不過，食、色，性也，古埃及雖然算不上情色出版品大國，其情色藝術創作卻也絕非泛泛。

事實上，人類早期文明具有其特定時空背景，因為旺盛的繁殖力，對於原始族群的生存是首要之務，所以，為了求生存而衍生的生殖崇拜，普遍存在於古代人類的文化中 [(130)]。緣此，當我們初次看到埃及神廟浮雕中常見的敏神 (米恩) 諾大挺直的陽物時，倒不用特別訝異，也無須用異色的眼光來指指點點。

敏神的陽具只是其一，但若要論到古埃及性暗示或性意涵的事跡，其實也比比皆是，其中更不乏讓人臉紅心跳的狗血劇情，希望大家也不要被嚇到，例如，

創世神阿圖姆是透過手淫後的精液 (一說唾液) 生出舒神及泰芙努特神的…

圖 248：異色皮革 – 圖片來源 美國紐約大都會博物館 Public Domain

原是兄妹的大地之神蓋伯與天空女神努特，原本啪啪啪時 (一說出生時) 意猶未盡，誰知殺出一個程咬金，將他們硬生生地分開，而這個煞風景的大電燈泡不是別人，竟然就是他們的老爹舒神…

為何塞特會害死其兄長奧西里斯，有一說法就是因為奧西里斯與塞特的老婆奈芙蒂斯不倫亂搞，甚至還搞出阿努比斯，最後導致塞特的報復，而他的復仇也很徹底，除了宰了奧西里斯，竟然還讓他的小弟弟給魚吃掉，結果伊西斯組成木乃伊時只能少了幾兩肉、而之後塞特甚至還想性侵伊西斯與荷魯斯…

薩卡拉書記 Nesshutefnut 石棺上 (收藏於維也納藝術史博物館)，奧西里斯躺在地上，筆直的陰莖射出巨量的精液噴得老遠，眾女神則紛紛膜拜式地接住他的恩賜…[131]

伊西斯化身為 (巴) 鳥，降落在奧西里斯木乃伊的陽具上，荷魯斯因而誕生…

帝王谷附近女法老哈特謝普蘇特祭廟後山山洞，竟然有女王與男寵交媾的性愛塗鴉…

大英博物館的 Henuttawy 莎草紙畫 (EA10018,2)，呈現大地之神蓋伯驚人的 autofellatio(自我口交) 畫面…[132]

圖坦卡門墓室神龕上的多幅黃金雕飾、涅巴蒙墓室捕鳥壁畫，處處充滿性暗示…

為數不少的性愛塗鴉歐世康殘片…

皇室兄妹亂倫、父女通婚、處處基友…

天呀！這是我認識的古埃及嗎？

其實，大家不用大驚小怪，「多元性文化」罷了，無須特別用現代泛道德標準來批判。

在這些情色議題中，特別吸引我目光的，就是義大利都靈博物館的 55001 號莎草紙畫[133]。

這幅莎草紙畫，又被稱為「都靈色情莎草紙畫」或「都靈情色紙草」(Turin Erotic Papyrus)，雖然破損嚴重，但重點內容，仍約略可見，據悉是在埃及路克索戴爾麥迪那 (Deir el-Medina) 所發現，年代約為西元前十二世紀，也是目前碩果僅存的情色莎草紙卷軸畫。

由於其毀損嚴重，所以研究者乃依其可能軌跡重建之，例如西班牙學者 Luis de Usoz 的重製版本 (目前保存在馬德里圖書館) 就頗為知名 [134]。

莎草紙畫約長 260 公分、寬 25 公分左右，由兩部份組成，較短的篇幅呈現的是動物當主角的諷刺畫，較長的部分則分為十二節連環漫畫，內容均為誇張的性交畫面，旁邊則有少數的僧侶體文字。

就是因為這些圖案如此特別，所以在 1973 年 J. Omlin 公開前，它們並不為公眾所廣泛知曉 [135]。

若說它誇張，一點也不為過，研究的學者就曾言及，圖中大部分的性愛姿勢若要能被完全執行，除非當事人個個都是練過軟骨功的瑜珈或體操選手，甚至是雜技團的特殊好手。簡言之，應非常人所能辦得到 [136]。

其次，在圖畫中，女性是清一色身材勻稱的妙齡女子，而男性卻大多是其貌不揚、頭上無毛、身材欠佳、卻擁有誇大陽具的形象，這又代表著甚麼呢？

古代戰車 (Chariot)、豎琴、叉鈴、凳子、猴子…，這些又意味著什麼？

其中還不乏向大地之神蓋伯與天空女神努特致敬的畫面…

1824 年，埃及學之父商博良，就在破譯古埃及文字後不久，他看到這些古埃及莎草紙畫時也表示：「這些怪異猥褻的圖案，著實讓我對於古埃及的智慧與莊重，產生很特別的印象。[137]」

論者大多推論這些畫作，應該是富人階級的狂歡會，嗣透過荒謬的呈現，來諷刺古埃及上層貴族的荒誕不羈，不過，也有論者謂這些圖案應與古埃及的性產業或風俗業相關，類似於教戰守則的春宮畫作，但也研究者認為這些內容缺乏像中世紀古印度《慾經》(Kama Sutra) 的教育指導及道德規範的內容 [138]。

2009 年，歷史頻道曾有紀錄片「Sex in the Ancient World-Egyptian Erotic」簡介「都靈色情莎草紙畫」等異色議題，但看來它們的真實意涵，還是莫衷一是。

無論如何，任何藝術交流的心領神會，往往不用特別在意藝術家想述說什麼，而是端看你自己實際感受到什麼，不是嗎？

在「都靈色情莎草紙畫」中，不知各位看倌感受到什麼了嗎？

圖 249：情色塗鴉 ostraca– 圖片來源 Wikimedia Commons Public Domain

圖 250：Turin Erotic Papyrus 局部（忠實攝影複製品）– 圖片來源 Wikimedia Commons Public Domain

第十四章　古埃及的穿越形象

漫談懷舊漫畫「尼羅河女兒」與電影「神鬼傳奇」人物

若不論具宗教信仰的人士對於古埃及的部分認知可能來自於「舊約聖經」之外，絕大部分的人 (特別是女性同胞) 小時候對古埃及的初步認識，不是別的，可能是一套連載數十年的日本少女漫畫 (迄 2021 年已有 66 卷，目前仍未完結)。

漫畫主要作者為漫畫家細川智榮子，臺灣早期的盜版譯名為「尼羅河女兒」，正版名稱則是「王家の紋章」，但或許叫「尼羅河女兒」大家印象更為深刻。

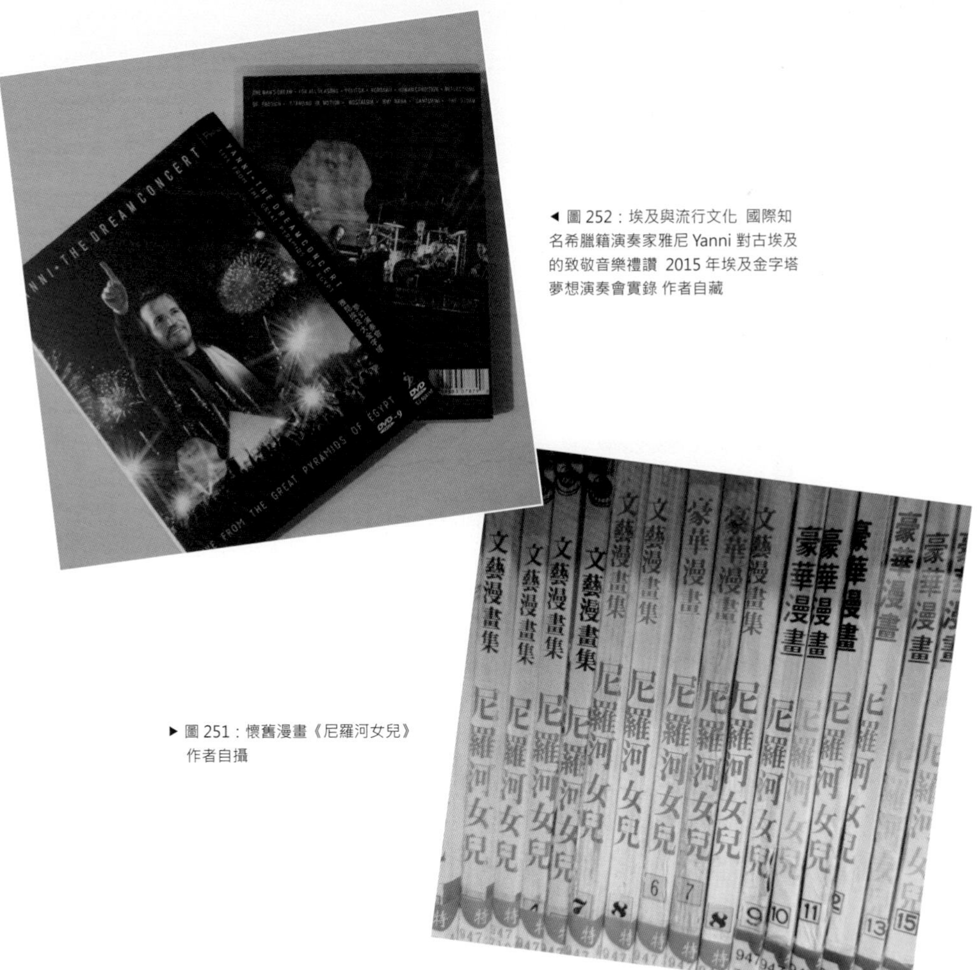

◀ 圖 252：埃及與流行文化 國際知名希臘籍演奏家雅尼 Yanni 對古埃及的致敬音樂禮讚 2015 年埃及金字塔夢想演奏會實錄 作者自藏

▶ 圖 251：懷舊漫畫《尼羅河女兒》作者自攝

關於「尼羅河女兒」究竟好不好看，個人無從置喙，只能說這是一齣正反意見兩極、讓人又愛又恨的漫畫，喜歡的鐵粉當然能舉出畫風精美、題材新穎…等一百種理由，而看到由愛生恨的人相信也能列出諸如永遠沒有結局、劇情與臺詞反覆跳針「複製貼上」…等一百種罪狀。

無論如何，它應該算是穿越劇祖師爺級的作品了，若要論能讓少女們瘋狂追劇，它當年的功力絕對不惶多讓，而它開始連載的年代是 1976 年，卻恰好是當年埃及圖坦卡門墓室寶藏首次 (約 1965-1966 年) 到日本巡迴展覽後不久，二者頗有驚人的巧合。

故事的主角是英俊挺拔的曼菲士王，角色設定是一位英年早逝的埃及少年法老，咦！這不就恰好是圖坦卡門嗎？

其實，漫畫中的許多人名與情節，也融入了眾多的埃及色彩，信手拈來就有很多例子，例如「法老的詛咒」與埃及考古學等等，而男主角法老曼菲士之名，相信就是取材自埃及古王國時期的首都孟斐斯 (Memphis)；而時空穿越的女主角凱羅爾 (Carol)，應該就是現代埃及的首都開羅 (Cario)；還有劇中的大反派愛西絲，則是取自於伊西斯女神 (Isis)；而曼菲士王的貼身隨從叫烏納斯，看來就完全與第五王朝的法老烏納斯 (Unas) 同名了；其他還有賀魯斯將軍與荷魯斯神同名…等等，族繁不及備載，此外，還有引起西台與埃及的大戰的西台帝國王子，情節還頗有那麼一點貼近史實的味道，甚為有趣。所以有沒有結局，似乎也不那麼重要了。

圖 253：恩塞佩里門楣浮雕 – 圖片來源 美國俄亥俄州克利夫蘭藝術博物館 CC0

看來細川智榮子女士雖然年事已高，卻十足是一位老頑童，永遠要吊足你的胃口。儘管大部分的劇情光怪陸離，多年來它還是牢牢地牽引許多少女的情懷，甚至很多人要到埃及旅遊，就是衝著這套漫畫而來的。

附帶一提，書中有位埃及宰相叫伊姆霍德布，看來就是 Imhotep(常譯為印和闐) 了，有沒有很熟悉，沒錯，看過好萊塢電影「神鬼傳奇」(The Mummy) 系列的夥伴，對於劇中反派姦夫祭司印和闐絕對不陌生。

印和闐聖書體字名為 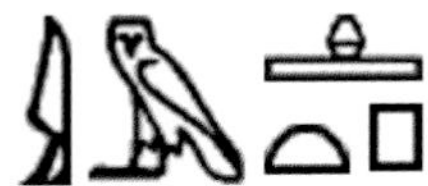

自 1932 年電影「木乃伊」以來他就一直被好萊塢給黑了，其實，他除了是古埃及第一座金字塔「階梯金字塔」的建築師，後來也被古埃及人尊為醫藥之神，遠比古希臘醫學之父希波克拉底（Hippocrates）還早數千年呢。

總之，現代娛樂文化中（偵探小說家克莉絲蒂的「尼羅河謀殺案」、手鐲合唱團的樂曲「Walk Like an Egyptian」、作曲家雅尼的「埃及金字塔夢想演奏會」、威爾第的歌劇「阿伊達」…，總是不乏古埃及元素。

圖 254：階梯金字塔舊相片 – 圖片來源 Wikimedia Commons Public Domain

圖 255：圖坦卡門陵墓壁畫（忠實攝影複製品）
圖片來源 Wikimedia Commons Public Domain

圖 256/243 局部：三女樂師圖 Nahkt 墓室壁畫 Norman de Garis Davies 等畫作－圖片來源 美國紐約大都會博物館 Public Domain

第十五章　常見之古埃及神祇、聖書體字名及文物形象

古埃及神明眾多，茲謹列出常見神祇的聖書體字名及文物形象，方便大家查詢文獻或參觀神廟遺址時參考利用。（* 文物形象部分為蘭品璇所繪製）

神祇姓名	聖書體字姓名	常見之文物形象	簡介
阿蒙神 Amun	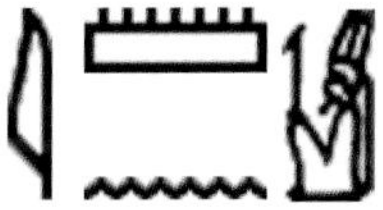		古埃及重要神祇之一，太陽神之一，底比斯三神系之一。本為底比斯地方神，之後隨新王國勢力強大，成為埃及國家主神，亦常與其他神明結合，卡納克神廟是世上最大阿蒙神廟。
阿吞神 （阿頓神） Aten	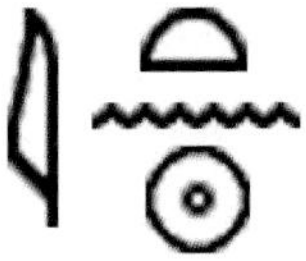		外型為太陽圓盤，射出光芒以觸手象徵帶來生命、健康等。太陽神之一，原為埃及古老的神祇之一，新王國阿肯那頓進行宗教改革，尊為唯一神祇。論者有謂這可能是目前一神教的淵源之一。

神祇姓名	聖書體字姓名	常見之文物形象	簡介
拉神 Ra (Re)	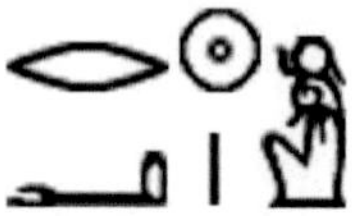	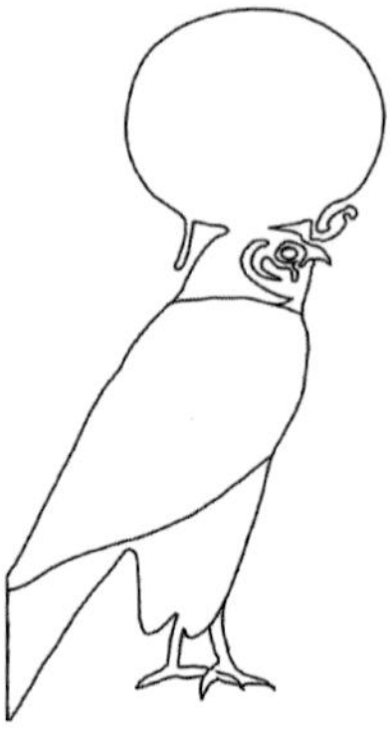	古埃及重要神祇之一，太陽神之一，早期與創世神阿圖姆神(Atum)結合，之後也常與各時期保護神結合，為不同時期的埃及主神，例如Amun-Ra等等。埃及法老多自稱為拉神之子，並成為其王銜之一。
普塔神 Ptah			外觀呈現人形，孟斐斯三神系之一，為工匠之保護神，也是孟斐斯神系中的創世神，相傳萬物為其所言所思所創造出來。孟斐斯為古王國時期之首都，故其亦為當時的國家主神之一。
奧西里斯 Osiris			形象為木乃伊，雙臂分持連枷及曲柄杖，頭戴Atef冠。原為代表豐饒神祇，亦為尼羅河神，嗣為埃及冥界主宰之神，赫利奧坡里斯神系九柱神之一。伊西斯之夫、荷魯斯之父。阿拜多斯是其主要崇拜中心之一。

神祇姓名	聖書體字姓名	常見之文物形象	簡介
伊西斯 Isis	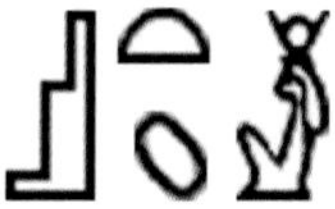		赫利奧坡里斯神系九柱神之一，奧西里斯之妻、荷魯斯之母。忠貞的妻子與盡責的母親，其形象原為頭頂座椅，後期則與哈托爾女神混同，頭頂牛角與圓盤，哺乳荷魯斯的形象是後世聖母聖子的原型之一。
塞特 （塞斯） Seth		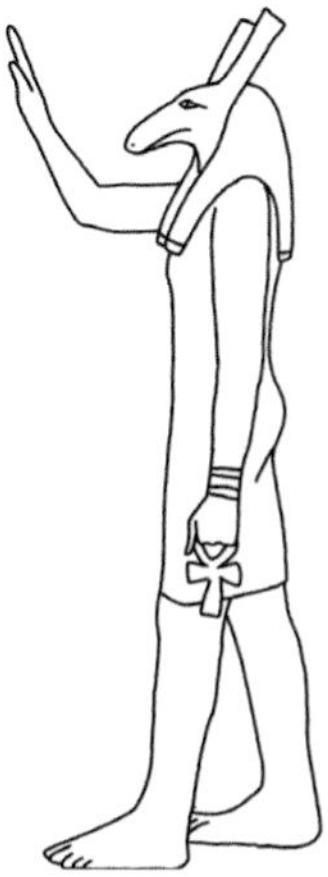	赫利奧坡里斯神系九柱神之一，奧西里斯之弟。本為風暴、沙漠之神，後因傳說他為篡位而殺害兄長，遂成為古埃及神祇中的大反派，他與荷魯斯間的爭鬥情節，也可能是後世莎劇哈姆雷特的母題之一。
奈芙蒂斯 Nephthys	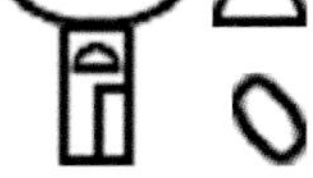		赫利奧坡里斯神系九柱神之一，奧西里斯、伊西斯、塞特之妹、也是塞特之妻。另有傳說她與奧西里斯不倫戀，生下阿努比斯。外觀上她頭頂為一亡柩，聖書體字意義為棺柩的主人，亦為死者守護神。

神祇姓名	聖書體字姓名	常見之文物形象	簡介
荷魯斯 Horus			鷹頭人身，古埃及重要神祇之一，奧西里斯與伊西斯之子，嗣因叔叔塞特篡位殺害其父，遂與塞特間展開殊死鬥。早期埃及國王均以荷魯斯化身自居，故有荷魯斯王銜。
阿努比斯 Anubis			外型為胡狼或豺狗頭，原為古埃及死神，後轉變為製作木乃伊與防腐之神、墓地的守護之神。據傳其是最早用香料等特殊物品處理奧西里斯的屍體，作成第一具木乃伊。在冥界審判中，掌管秤量心臟儀式。
瑪阿特 (瑪特) Maat			古埃及最具抽象概念的女神，代表公理、秩序、正義、真理等。據傳她是托特神之妻，也是拉神之女。在冥界審判，秤量死者心臟儀式中，她是天秤的另一端，通常以羽毛為外觀。

神祇姓名	聖書體字姓名	常見之文物形象	簡介
托特 Thout		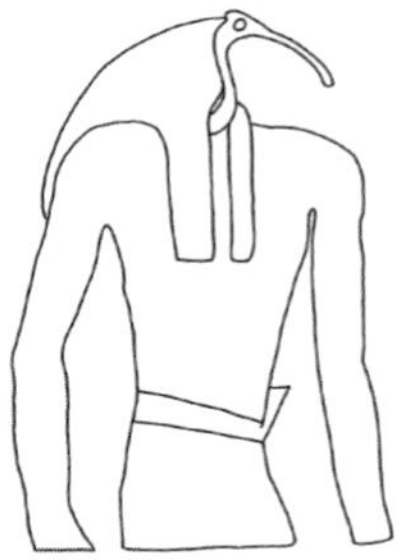	古埃及智慧之神，通常以朱鷺、靈鳥或狒狒的形象出現。原為月神，相傳古埃及文字便是托特神所創造，在冥界審判，秤量死者心臟儀式中，他負責記錄。赫摩波里為其主要崇拜中心。
索貝克 Sobek			古埃及鱷魚神，通常外觀是鱷魚頭人身，之後也與拉神及阿蒙神混同，為諸神及人類的保護者，也是王權的象徵。法尤姆地區及上埃及的 Kom Ombo 神廟均是其主要崇拜地。
赫普利 (凱普瑞) Kheperi	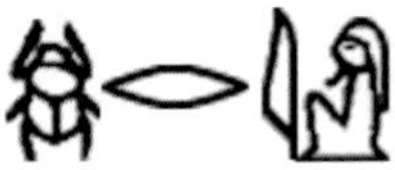		古埃及太陽神之一，其形象為聖甲蟲，有時則為聖甲蟲頭人身的綜合體，聖甲蟲又稱蜣螂、屎克螂、糞金龜，它被認為是早晨初昇的太陽，赫利奧坡里斯為其主要崇拜中心。

神祇姓名	聖書體字姓名	常見之文物形象	簡介
克努姆 (赫努姆) Khnum			古埃及豐饒與創造之神，也被視為水的賜與者及尼羅河源頭的守護者，相傳人類就是克努姆利用陶輪所創造的。其形象為羊頭人身，主要崇拜地為象島，而目前保存最好的神廟在 Esna。
舒 Shu			古埃及空氣或大氣之神，赫利奧坡里斯神系九柱神之一，它是阿圖姆神 (Atum) 自我繁殖所生，其子女為大地之神蓋伯及天空之神努特，相傳就是因為他將緊抱一起的蓋伯及努特分開，才有了天地之分。
泰芙努特 Tefnut		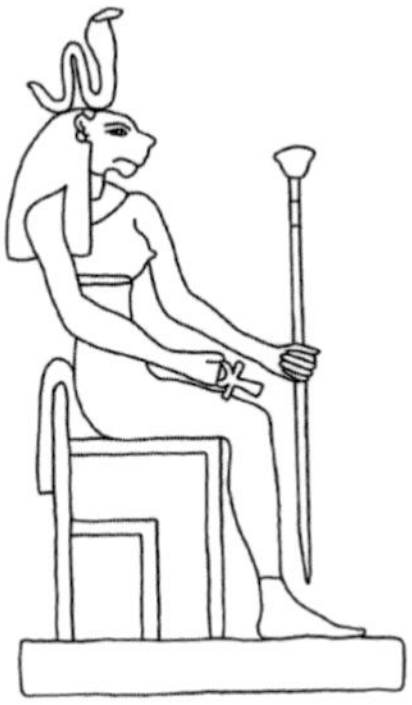	古埃及濕氣或雨露之神，赫利奧坡里斯神系九柱神之一，它是阿圖姆神 (Atum) 自我繁殖所生，其子女為大地之神蓋伯及天空之神努特。形象為獅頭人身，頭上有蛇或太陽圓盤。

神祇姓名	聖書體字姓名	常見之文物形象	簡介
蓋伯 Geb			古埃及大地之神，赫利奧坡里斯神系九柱神之一，它是舒及泰芙努特之子，其子女則為奧西里斯、伊西斯、塞特及奈芙蒂斯。通常形象為一男子躺在地上，其上方則為天空之神努特。
努特 Nut	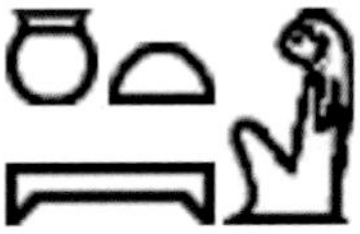		古埃及天空之神，赫利奧坡里斯神系九柱神之一，它是舒及泰芙努特之子，其子女則為奧西里斯、伊西斯、塞特及奈芙蒂斯。通常形象為彎曲身體的蒼穹天空，其下方則為舒及蓋伯。
阿圖姆 Atum			赫利奧坡里斯神系九柱神之一，本為當地的地方神，之後與太陽神拉神等融為一體，也被譽為創世之神，其形象為人，被視為落日時的太陽。相傳其透過自慰或吐沫而自我繁殖出舒及泰芙努特。

神祇姓名	聖書體字姓名	常見之文物形象	簡介
哈托爾 Hathor	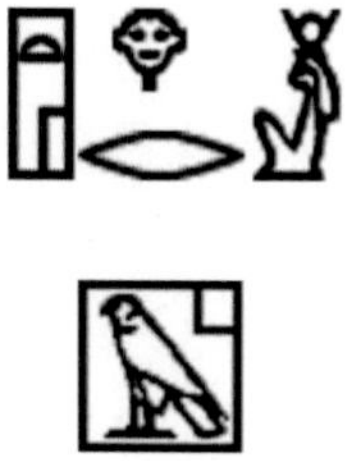		古埃及的愛情、舞蹈女神，主要以母牛、頭戴牛角及太陽圓盤之人形等形象出現，但後期已與伊西斯形象混同。她是荷魯斯的妻子，目前保存最好的崇拜中心在丹德拉神廟。
哈皮 Hapy (Hapi)	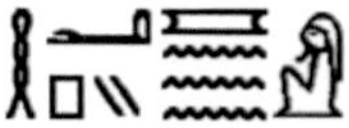		古埃及尼羅河神，其通常是以頭頂植物的男性但具有臃腫腹部及女性下垂乳房、綑綁植物之形象出現，研究者謂尼羅河氾濫初期，人們會供奉祭品，將上面書寫供品清單的莎草紙卷丟入河中。
孟圖 Montu	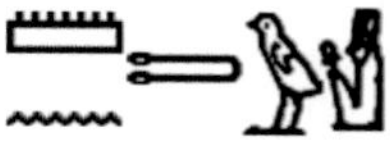		古埃及戰神，形象為鷹頭人身，頭頂圓盤，中王國第十一王時期是其信仰的最鼎盛年代，諸多法老均以孟圖神為名。近年中國大陸的考古據點，便是路克索卡納克神廟北方的孟圖神廟。

神祇姓名	聖書體字姓名	常見之文物形象	簡介
敏 （米恩） Min			古埃及豐饒、生殖之神，他的皮膚及鬍鬚均為黑色，象徵肥沃，外觀為單手舉起連枷、頭頂羽毛及挺起碩大陽具的男子。中王國時期後，敏神逐漸與阿蒙神等結合，所以也被視為創世神之一。
貝斯 Bes		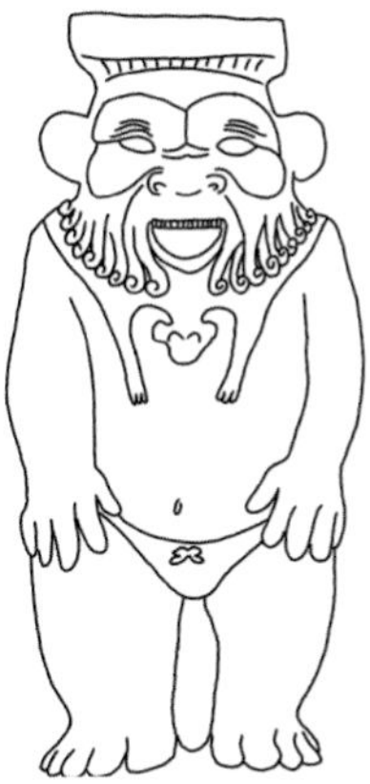	古埃及傳統的家庭保護神，也是分娩生育的護佑神，外觀是矮小侏儒，面容猙獰醜惡，但面惡心善，古埃及人相信它能趨吉避凶，會為人類帶來好運。埃及晚期的生育室都可以看到貝斯神的形象。
穆特 （姆特） Mut	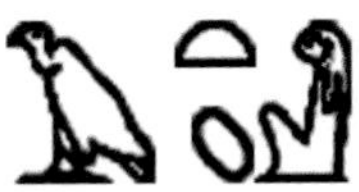		底比斯三神系之一，阿蒙神之妻，月神孔蘇之母，為一女子形象，頭戴上下埃及雙冠。

神祇姓名	聖書體字姓名	常見之文物形象	簡介
孔蘇 Khonsu		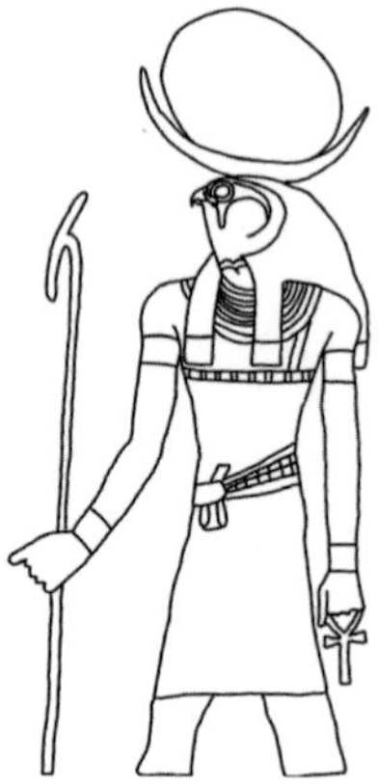	底比斯三神系之一，月亮之神、阿蒙神及穆特神之子，通常為一鷹頭男子形象，頭戴弦月及圓盤。
貝斯特 Bastet	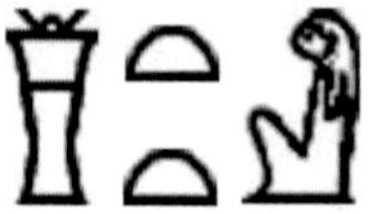	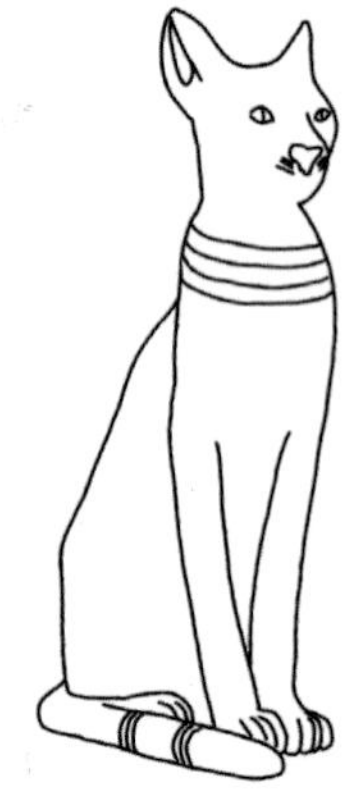	相傳貓女神貝斯特是太陽神拉神之女，是位守護女神，本來為獅頭女神，之後則轉變為貓的形象。
塞赫邁特 Sekhmet	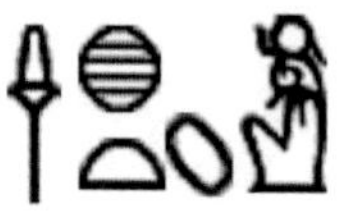		破壞之神，頭戴圓盤之獅頭女子形象，相傳被拉神派來世間懲罰人類，後因殺戮過多，被用計灌醉而避免毀滅全人類。

神祇姓名	聖書體字姓名	常見之文物形象	簡介
阿匹斯 Apis			相傳為孟斐斯地區的聖牛，普塔神的化身或座騎，晚期更與希臘神祇結合。
塔沃里特 Taweret			古埃及家庭保護神，特別保護分娩時期的婦女，河馬外觀，象徵懷孕的大肚子。
阿蒙－拉 Amun-Ra			阿蒙神與拉神合體。

神祇姓名	聖書體字姓名	常見之文物形象	簡介
拉－赫拉克提 Ra-Horakhty			拉神與荷魯斯神合體。

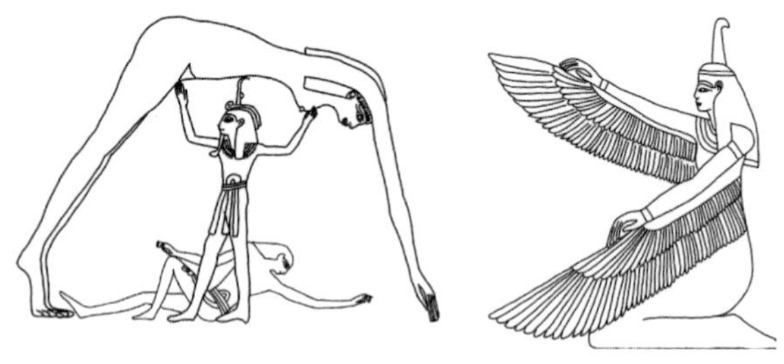

第十六章　常見古埃及法老王名圈

古埃及法老王銜隨年代而逐步增加，最完備時通常有五個王銜 (包含荷魯斯名、金荷魯斯名，兩女神之名、登基名、出生名)，且時常會有變體組合。茲謹列出知名法老較常見之荷魯斯名、登基名、或出生名，方便大家查詢或參觀神廟遺址時參考利用。

❖ 早王國 / 古王國時期

法老中文名 法老英文名	荷魯斯名  Horus name	登基名 / 上下埃及之王  Throne name	出生名 / 拉神之子  Personal name
那爾邁 (納爾邁) Narmer		☆ ☆	☆ ☆
左塞王 Djoser			☆ ☆
斯奈夫魯 Sneferu	☆ ☆		☆ ☆
古夫 (胡夫 / 奇奧普斯) Khufu(Cheops)	☆ ☆		☆ ☆
卡夫拉 (哈夫拉) Khafra	☆ ☆		☆ ☆
孟卡拉 Menkaura	☆ ☆		☆ ☆
烏納斯 Unas	☆ ☆		☆ ☆

❖ 中王國時期

法老中文名 法老英文名	荷魯斯名  Horus name	登基名 / 上下埃及之王  Throne name	出生名 / 拉神之子  Personal name
孟圖霍特普二世 Mentuhotep II	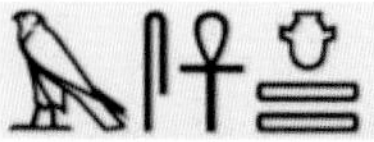		
阿蒙涅姆赫特一世 Amenemhat I	☆ ☆	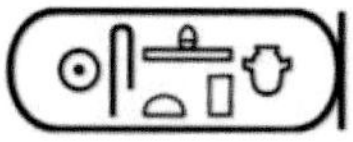	
塞索斯特里斯一世 (申無施爾一世) (辛努塞爾特一世) Sesostris I/Senusret I /Senwosret I	☆ ☆ ☆		
塞索斯特里斯三世 (申無施爾三世) (辛努塞爾特三世) Sesostris III /Senusret III /Senwosret III	☆ ☆ ☆		
阿蒙涅姆赫特三世 Amenemhat III	☆ ☆	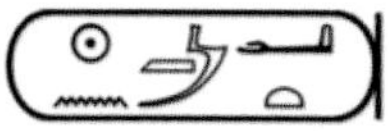	

資料與圖片來源：https://pharaoh.se/，資料無更改

❖ 新王國時期 (1)

法老中文名 法老英文名	荷魯斯名 Horus name	登基名 / 上下埃及之王 Throne name	出生名 / 拉神之子 Personal name
阿赫摩斯 Ahmose	☆ ☆		
圖特摩斯一世 Thutmose I	☆ ☆		
哈特謝普蘇特 Hatshepsut	☆ ☆		
圖特摩斯三世 Thutmose III	☆ ☆		
圖特摩斯四世 Thutmose IV	☆ ☆		
阿蒙霍特普三世 (阿蒙諾菲斯三世) Amenhotep III	☆ ☆		

資料與圖片來源：https://pharaoh.se/，資料無更改

❖ 新王國時期 (2)

法老中文名 法老英文名	荷魯斯名 Horus name	登基名 / 上下埃及之王 Throne name	出生名 / 拉神之子 Personal name
阿蒙霍特普四世 (阿蒙諾菲斯四世) Amenhotep IV	☆ ☆		
阿肯那頓 (埃赫納吞) Akhenaten	☆ ☆		
斯門卡瑞 Smenkhkara	☆ ☆		
圖坦卡門 Tutankhamun	☆ ☆ ☆		
阿伊 Ay	☆ ☆		
霍倫希布 (霍朗赫布 / 霍瑞賀伯) Horemhab/ Horemheb	☆ ☆		

資料與圖片來源：https://pharaoh.se/，資料無更改

❖ 新王國時期 (3)/ 晚王國時期 / 托勒密時期

法老中文名 法老英文名	荷魯斯名 Horus name	登基名 / 上下埃及之王 Throne name	出生名 / 拉神之子 Personal name
塞提一世 Seti I	☆ ☆		
拉美西斯二世 Ramesses II	☆ ☆ ☆ ☆ ☆ ☆		
拉美西斯三世 Ramesses III	☆ ☆		
亞歷山大大帝 Alexander the Great	☆ ☆		
埃及艷后 Cleopatra VII	☆ ☆	☆ ☆	

資料與圖片來源：https://pharaoh.se/，資料無更改

❖ 古埃及地圖、朝代與大事記

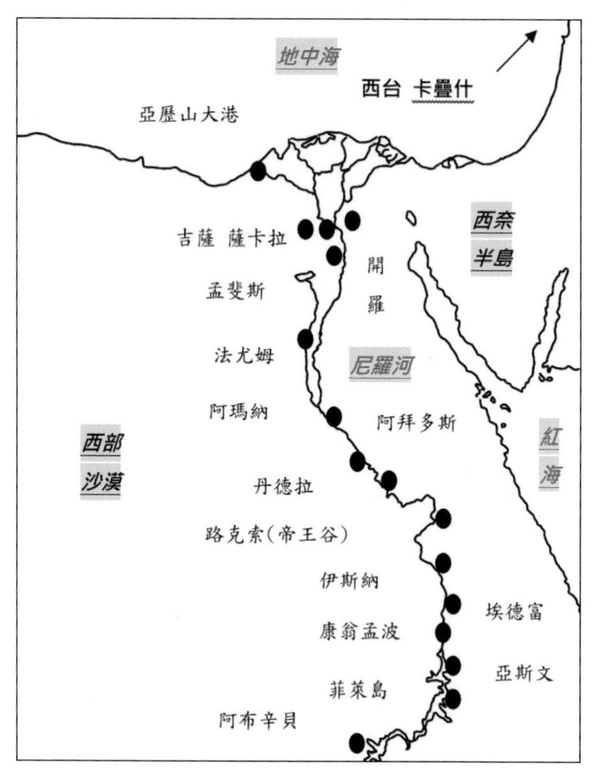

王國	王朝	西元前年代 (B.C.)	約當中國朝代
史前時期	巴達里文化 / 涅伽達文化 (含第零王朝) 等	- 3100	
早王國時期	第一王朝 - 第二王朝	3100 - 2686	
古王國時期	第三王朝 - 第六王朝	2686 - 2181	傳說時期
第一中間期	第七王朝 - 第十王朝	2181 - 2040	夏朝
中王國時期	第十一王朝 - 第十二王朝	2040 - 1786	夏朝
第二中間期	第十三王朝 - 第十七王朝	1786 - 1567	商朝
新王國時期	第十八王朝 - 第二十王朝	1567 - 1085	商朝
第三中間期	第二十一王朝 - 第二十五王朝	1085 - 667	西周
晚王國時期	第二十六王朝 - 第三十一王朝	667 - 332	東周
托勒密時期		332 - 30	西漢
羅馬統治時期		30 - 395A.D.	東漢

＊詳細年代部分埃及學家間爭議頗大，僅供參考，特此敘明。

王朝	知名法老	著名事蹟
第一王朝	那爾邁	統一上下埃及。
	阿哈(美尼斯？)	那爾邁/美尼斯/阿哈，是否為同一人或繼承關係，學界尚有爭議。
	登王	首位將塞德節定為法老登基每三十年應舉辦的節日。
第三王朝	左塞王	在薩卡拉建造人類首座金字塔(階梯金字塔)。
第四王朝	斯奈夫魯	在達舒爾建造彎曲金字塔、紅色金字塔等。
	古夫	在吉薩建造大金字塔。
	卡夫拉	在吉薩建造金字塔與人面獅身像。
	孟卡拉	在吉薩建造金字塔。
第五王朝	烏納斯	在薩卡拉建造金字塔，內有目前發現最早的金字塔文。
第六王朝	佩皮二世	在位接近百年，讓古王國由盛轉衰。
第一中間期		王權勢微，群雄割據，據研究稱曾有大饑荒及人民大起義。
第十一王朝	孟圖霍特普二世	再次統一上下埃及，在戴爾巴哈里建造陵廟。
第十二王朝	阿蒙涅姆赫特一世	開啟法老共治。「辛努海故事」等埃及文學作品背景時代。
	塞索斯特里斯一世	開啟法老共治。「辛努海故事」等埃及文學作品背景時代。
	塞索斯特里斯三世	征服努比亞及巴勒斯坦等地。
	阿蒙涅姆赫特三世	開發法尤姆地區。
第二中間期		西克索人逐步入侵埃及。
第十五王朝	薩利提斯 (Salitis)	西克索人統治下埃及。
	阿波斐斯 (Apophis)	西克索人末代統治者，後被逐出埃及。
第十七王朝	塞肯拉泰奧二世	與阿波斐斯爭鬥，英勇戰死，頭顱破裂，開羅博物館著名木乃伊。

王朝	知名法老	著名事蹟
第十八王朝	阿赫摩斯	驅逐西克索人，重新統一上下埃及。
	阿蒙霍特普一世	疆域擴充至西亞，首次與米坦尼及西台衝突。
	圖特摩斯一世	首次將帝王谷當作法老的鑿岩陵墓。
	圖特摩斯二世	女王哈特謝普蘇特之夫君。
	哈特謝普蘇特	埃及女法老，在戴爾巴哈里建造陵廟，並派遠征隊與朋特地區貿易。
	圖特摩斯三世	十七次遠征，埃及帝國疆域最大時期，被譽為「古代世界拿破崙」。
	圖特摩斯四世	吉薩人面獅身像前立有「記夢碑」。
	阿蒙霍特普三世	埃及盛世，持續政治聯姻。曼農巨像即為其神殿遺存。
	阿肯那頓	進行宗教改革，被稱為異教法老，統治期被稱為「阿瑪納時期」。
	斯門卡瑞	有研究謂他即為納芙蒂蒂，但尚無定論。
	圖坦卡門	死因成謎，陵墓被視為有史以來最完整者，其黃金面具舉世聞名。
	阿伊	迎娶圖坦卡門年輕遺孀，為圖坦卡門死因成謎的主要嫌疑犯之一。
	霍倫希布	完全剷除阿肯那頓宗教改革的遺存。
第十九王朝	塞提一世	其陵墓是帝王谷最壯麗者。
	拉美西斯二世	參與知名的卡疊什戰役，嗣與西台聯姻並締結和平條約。
第二十王朝	拉美西斯三世	發生史上首宗罷工。成功抵禦「海上民族」，後因宮廷政變而死。

王朝	知名法老	著名事蹟
第三中間期 晚王國時期		埃及帝國由盛轉衰，逐步走下舞台。 分別遭利比亞人、努比亞人(庫施王朝)、亞述人、波斯人等異族統治。
托勒密時期	亞歷山大大帝	結束波斯人統治，嗣由其部將托勒密治理，進入托勒密時期。
	克麗奧佩脫拉七世 (埃及豔后)	自殺身亡，埃及成為羅馬帝國的屬地，進入羅馬統治時期，嗣後再經由阿拉伯帝國、鄂圖曼土耳其帝國等統治，古埃及正式走入歷史。

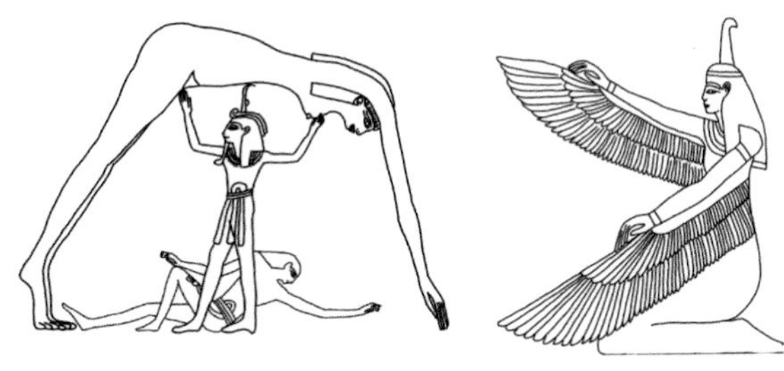

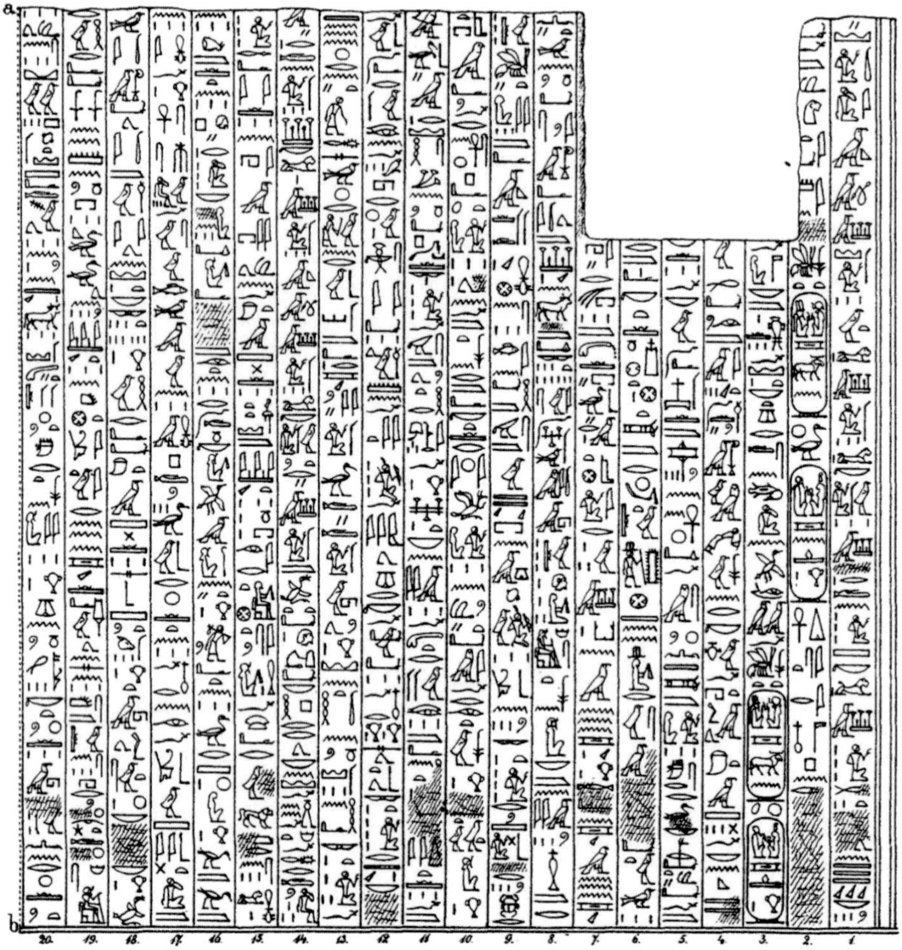

圖 257：The Great Karnak Inscription (first part) - plate 52 from Mariette Bey– 圖片來源 Wikimedia Commons Public Domain

圖 258/259：感謝近期珍貴埃及學文獻 中文化的整理與集結出版
商博良埃及考古圖冊 (2 冊) / 古代埃及新王國時期 - 經濟文獻譯註 (2 冊) – 作者自藏

❖ 附註與延伸閱讀

(1) 王海利著，圖坦哈蒙 3000 年，山東畫報出版社，2010 年，p.52-53。

(2) 詳前著，p.205。

(3) 詳前著，p.214。

(4) 徐詩薇著《法老王的「威脅格式」——法老王的詛咒？》，臺灣師大歷史學報，第 52 期，2014 年，p.185-186。

(5) Daniel Kolos & Hany Assaad，Hieroglyphic Inscriptions of the Treasures of Tutankhamun Translated，Benben，1979，p.99。

(6) 郭丹彤、黃薇著，古代近東文明文獻讀本，中西書局出版，2019 年，p.211。

(7) http://www.languageandlaw.org/TEXTS/CONST/KADESH.HTM，造訪日期：2021/9/1。另可參照 J.B. Pritchard. Ancient Near Eastern Texts Related to the Old Testament, p.199-201。

(8) https://www.chinatimes.com/realtimenews/20190122001377-260408?chdtv，造訪日期：2021/8/1。

(9) https://www.worldhistory.org/image/11728/cleopatras-nose-blaise-pascal/，造訪日期：2021/9/1。

(10) https://zh.wikipedia.org/wiki/%E5%85%8B%E5%A8%84%E5%B7%B4%E7%89%B9%E6%8B%89%E4%B8%83%E4%B8%96，造訪日期：2021/9/3。

(11) Edith Flamarion(原著)，埃及豔后－女法老王克麗歐佩脫拉，時報文化出版，2003 年，p.118。

(12) 詳前著，p.116。

(13) 詳前著，p.119。2015 年 BBC 紀錄片「埃及艷后」即曾介紹伊斯蘭世界對於克麗歐佩脫拉的高度評價。

(14) Lesley & Roy Adkins(原著)，羅塞塔石碑的秘密，貓頭鷹出版，2008 年，p.194。

(15) 詳前王海利著，圖坦哈蒙 3000 年，p.157。

(16) Arthur Weigall(原著)，太陽之子與亡靈迫害－埃及法老阿肯那頓傳，當代中國出版社，2014 年，p.50。https://en.wikipedia.org/wiki/Great_Hymn_to_the_Aten，造訪日期：2021/9/1。

(17) https://www.taiwannews.com.tw/ch/news/3423841，造訪日期：2021/7/1。

(18) https://www.dw.com/zh/%E5%BE%B7%E5%9B%BD%E4%BA%BA%E5%AF%B9%E5%9F%83%E5%8F%8A%E7%8E%8B%E5%90%8E%E7%BA%B3%E8%8A%99%E8%92%82%E8%92%82%E8%BF%94%E4%B9%A1%E8%AF%B4%E4%B8%8D/a-14801833，造訪日期：2021/7/7。http://news.cctv.com/science/20070417/101217.shtml，造訪日期：2021/7/7。

(19) http://politics.people.com.cn/BIG5/n/2015/0731/c1001-27389892.html，造訪日期：2021/7/10。

(20) https://en.wikipedia.org/wiki/Great_Hymn_to_the_Aten，造訪日期：2021/6/10。

(21) 詳前郭丹彤、黃薇著，古代近東文明文獻讀本，p.265。

(22) 顏海英著，中國收藏的古埃及文物，中國社會科學出版社，2021 年，p.254。

(23) John Taylor(原著)，古埃及死者之書，時代出版傳媒，2019 年，p.269。

(24) 詳前著，p.268。另可參照金壽福著，古埃及亡靈書，商務印書館，2018 年，p.5。

(25) 詳前金壽福著，古埃及亡靈書，p.1。關於早期 Wallis Budge 與阿尼紙草的趣聞，可參考 John Gaudet(原著)，法老的寶藏－莎草紙與西方文明的興起，社會科學文獻出版社，2020 年。

(26) 詳前金壽福著，古埃及亡靈書，p.4。

(27) 詳前金壽福著，古埃及亡靈書，p.10。

(28) 詳前顏海英著，中國收藏的古埃及文物，p.342。

(29) 詳前金壽福著，古埃及亡靈書，p.55。

(30) https://ppfocus.com/0/cu777473a.html，造訪日期：2021/6/15。

(31) https://www.pyramidtextsonline.com/translation.html，造訪日期：2021/8/15。(編號不一，且網站與書籍亦有版本差異)。http://www3.lib.uchicago.edu/cgi-bin/eos/eos_title.pl?callnum=PJ1553.A1_1908_cop3，造訪日期：2021/8/15。James P. Allen，The Ancient Egyptian Pyramid Texts，Society of Biblical Literature，2005，p.31。

(32) John Bunker & Karen Pressler，The Coffin Texts Resurrected，Bunker Pressler Books，2020，p.133。

(33) 詳前金壽福著，古埃及亡靈書，p.173。

(34) Bernard Paul Badham，The Book of the Dead V3，Bernard Paul Badham，2016，p.96 以下。

(35) 詳前 John Taylor(原著)，古埃及死者之書，p.71。另可參考李模著，古代埃及祭司研究，中國書籍出版社，2019 年，p.137。

(36) E.A.Wallis Budge，Facsimiles of the Papyri of Hunefer, Anhai, Kerasher & Netchemet，Longmans & Company，1899，plate IV ，p.24。

(37) 詳前 E.A.Wallis Budge，plate VII , p.17。

(38) Erik Hornung & Theodor Abt，Knowledge for the Afterlife，Living Human Heritage，2003，p.9。

(39) Erik Hornung & Theodor Abt，The Egyptian Amduat，Living Human Heritage，2014，書籍封底。

(40) 詳前 Erik Hornung & Theodor Abt，The Egyptian Amduat，p.7。

(41) John Coleman Darnell & Colleen Manassa Darnell，The Ancient Egyptian Netherworld Books，SBL Press，2018，p.4。

(42) 詳前 Erik Hornung & Theodor Abt，The Egyptian Amduat，p.7。

(43) 詳前 Erik Hornung & Theodor Abt，The Egyptian Amduat，p.357。

(44) 顏海英著，來世之書中的復活儀式，外國問題研究，2016 年第 2 期，p.51。

(45) Erik Hornung & Theodor Abt，The Egyptian Book of Gates，Living Human Heritage，2013，p.453。

(46) John Bunker & Karen Pressler，The Book of Aker，Bunker Pressler Books，2012，p.330。

(47) Kent R. Weeks(原著)，埃及的神廟與陵墓，華中科技大學出版社，2021 年，p.317。

(48) 顏海英演講，「文本、圖像與儀式－古埃及神廟中的《亡靈書》」線上講座內容。

(49) https://kknews.cc/zh-tw/culture/p3plpj.html，造訪日期：2021/7/11。

(50) Moustafa Gadalla，Egyptian Musical Instruments，Tehuti Research Foundation，2018，p.41。

(51) 詳前顏海英演講內容。

(52) 郭丹彤、辛保軍著，期待復活－古埃及人生活探秘，中國國際廣播出版社，2011 年，p.141。

(53) James P. Allen，Middle Egyptian Literature，Cambridge University Press，2015，p.50。另可參考李曉東「百家講壇」講座內容。

(54) 王海利著，失落的瑪阿特－古代埃及文獻〈能言善辯的農民〉研究，北京大學出版社，2013 年，導言。

(55) 令狐若明著，埃及學研究－輝煌的古埃及文明，吉林大學出版社，2008 年，p.315。

(56) 詳前 James P. Allen，Middle Egyptian Literature，p.284。

(57) 詳前令狐若明著，埃及學研究－輝煌的古埃及文明，p.290。

(58) 蒲慕州著，尼羅河畔的文采－古埃及作品選，遠流出版，2002 年，p.61。Bernard Paul Badham，Admiral Ahmose Tomb Inscriptions，Bernard Paul Badham，2016，p.10 以下。

(59) 李曉東著，古代埃及，北京師範大學出版社，2020 年，p.237。

(60) Bernard Paul Badham，Ancient Egyptian Love Songs，Bernard Paul Badham，2014，chapter 7。

(61) Charles E. Moldenke，The Tale of the Two Brothers，The Elsinore Press，1898，p.92。

(62) 詳前 James P. Allen，Middle Egyptian Literature，p.110。

(63) 詳前 James P. Allen，Middle Egyptian Literature，p.351 以下。詳前郭丹彤、黃薇著，古代近東文明文獻讀本，p.99-100。

(64) 詳前 James P. Allen，Middle Egyptian Literature，p.170，p.193。詳前蒲慕州著，尼羅河畔的文采－古埃及作品選，p.142，p.149。

(65) James P. Allen，The Heqanakht Papyri，The Metropolitan Museum of Art，2002，plate 30。詳前蒲慕州著，尼羅河畔的文采－古埃及作品選，p.209。

(66) 文物巡禮與點描部分，是筆者實際參觀展覽或閱覽參展圖錄與相關資料後的心得摘要，由於筆者參閱甚多資料，限於篇幅，恕難逐一列出，茲謹列出最主要參考者 (以下均同)。Alessandro Bongioanni & Maria Sole Croce 等 (原著)，古代埃及的寶藏－開羅埃及國家博物館藏品 (圖錄)，WS White Star Publishers，2017 年。

(67) 吉村作治 (原著)，大英博物館 (2) (圖錄)，邯鄲出版社 / 美工圖書社，出版年份不詳。

(68) 顏海英演講，「尼羅河畔的頌歌 木乃伊歸來－古埃及文明的現代迴響」線上講座內容。

(69) 紐約大都會博物館(原著)，埃及和古代近東(圖錄)，臺灣麥克出版，1991 年。

(70) Guillemette Andreu 等(原著)，Anicent Egypt at the Louvre(圖錄)，Hachette，1997 年。

(71) 李曉東演講，「失落的古埃及」百家講壇線上講座內容。

(72) Silvia Einaudi(原著)，都靈埃及博物館(圖錄)，譯林出版社，2015 年。

(73) Dietrich Wildung 等，Egyptian Museum and Papyrus Collection, Berlin, 100 Masterpieces(圖錄)，Berlin & Scala Publishers，2010。

(74) MFA Highlights Arts of Ancient Egypt(圖錄)，Museum of Fines Arts, Boston，2003。

(75) Life and Death under the Pharaohs : Egyptian Art from the National Museum of Antiquities in Leiden, the Netherlands(圖錄)，Wester Australian Museum，2002。

(76) Richard A. Fazzini 等，Ancient Egyptian Art in the Brooklyn Museum(圖錄)，The Brooklyn Museum，1989。

(77) Lisa Schwappach-Shirriff 等，Treasures of the Rosicrucian Egyptian Museum – a Catalogue(圖錄)，The Grand Lodge of the English Language Jurisdiction，2004。

(78) Lawrence M. Berman 等，Catalogue of Egyptian Art – The Cleveland Museum of Art，The Cleveland Museum of Art，1999。

(79) Regine Schulz 等，Egyptian Art- The Walters Art Museum(圖錄)，The Trustees of the Walters Art Gallery，2009。

(80) Alice Stevenson，The Petrie Museum of Egyptian Archaeology Characters and Collecctions(圖錄)，UCL Press，2015。

(81) Helen Whitehouse，Ancient Egypt and Nubia in the Ashmolean Museum(圖錄)，Ashmolean Museum，2009。

(82) Eleni Vassilika 等，Egyptian Art- Fitzwillam Museum Handbooks(圖錄)，Cambridge University Press，1995。

(83) Emily Teeter，Ancient Egypt-Treasures from the Collection of the Oriental Institute University of Chicago(圖錄)，Oriental Institute Museum Publications，2003。

(84) Bill Manley & Aidan Dodson，Life Everlasting-National Museums Scotland Collection of Ancient Egyptian Coffins(圖錄)，National Museums Scotland，2010。

(85) Abeer el-Shahawy，Luxor Museum-The Glory of Ancient Thebes(圖錄)，Farid Atiya Press，2007。

(86) David P. Silverman 等，Searching for Ancient Egypt- Art ,Architecture and Artifacts(圖錄)，Dallas Museum of Art，1997。

(87) William H. Peck 等，Egypt in Toledo- The Ancient Egyptian Collection at the Toledo Museum of Art(圖錄)，Toledo Museum of Art，2011。

(88) 可另參考金壽福著，古埃及亡靈書，p.64。

(89) T. G. Wilfong，Death Dogs- The Jackal Gods of Ancient Egypt(圖錄)，Kelsey Museum of Archaeology，2015。

(90) Piotr Bienkowski 等，Gifts of the Nile-Ancient Egyptian Arts and Crafts in Liverpool Museum(圖錄)，HMSO，1995。

(91) 張赫名著，古代埃及的王權演變與喪葬習俗，方志出版社，2016 年，p.162。

(92) 詳前蒲慕州著，尼羅河畔的文采–古埃及作品選，p.163。

(93) 國立歷史博物館編輯委員會，古代埃及文物(圖錄)，國立歷史博物館，1985 年。

(94) 蒲慕州審訂，古埃及的今生與來世(圖錄)，祥瀧出版，2000 年。

(95) Christiane Ziegler 等，永恆埃及(圖錄)，九觀文化出版，2004 年。

(96) 國立故宮博物院 - 世界文明瑰寶 - 大英博物館 250 年收藏展(圖錄)，時藝多媒體出版，2007 年。

(97) 木乃伊傳奇 - 埃及古文明特展(圖錄)，時藝多媒體出版，2011 年。

(98) 另可參考張小虎著，論古埃及亡靈書及其法文化價值，原生態民族學刊，第 3 卷 4 期，2011 年。

(99) 國立故宮博物院 - 大英博物館藏埃及木乃伊 - 探索古代生活特展(圖錄)，時藝多媒體出版，2017 年。

(100) 大英博物館藏古埃及藝術珍品(圖錄)，上海畫報出版社，1999 年。

(101) 南京博物院著，法老 - 王 古埃及文明與中國漢代文明的故事(圖錄)，鳳凰出版 / 譯林出版，2016 年。

(102) 柏林 - 上海 古代埃及與早期中國文明(圖錄)，上海博物館，2017 年。

(103) 山西博物院、義大利都靈埃及博物館著，金字塔 - 不朽之宮 古埃及文明 (圖錄)，山西出版傳媒，2018 年。

(104) 東京國立博物館等著，世界四大文明 – 古埃及文明展 (圖錄)，NHK Promotions，2000 年。

(105) 圖坦卡門法老王展 - 黃金的祕寶和少年王的真實 (圖錄)，Fuji Television Network, Ins.，2012 年。

(106) PolaGiovetti 等，Egypt- Millenary Splendour , The Leiden Collection in Boloqna(圖錄)，SKIRA，2016 年。

(107) 金壽福主編，古埃及國寶展 (圖錄)，上海紅日藝術製作，2003 年。

(108) https://www.oranjeexpress.com/2014/04/29/%E8%81%BD%E8%8D%B7%E8%98%AD%E4%BA%BA%E8%AC%9B%E5%8F%A4%EF%BC%9A%E5%9F%83%E5%8F%8A%E5%AD%B8%E6%95%99%E6%8E%88%E6%8E%A1%E8%A8%AA%E8%A8%98/，造訪日期：2021/8/13。

(109) 王海利著，法老與學者 – 埃及學的歷史，北京師範大學出版社，2010 年，p.237。

(110) 詳前顏海英著，中國收藏的古埃及文物，p.14。

(111) 顏海英演講，「尼羅河畔的頌歌 木乃伊歸來 – 古埃及文明的現代迴響」線上講座內容。另可參照顏海英著，中國收藏的古埃及文物。

(112) https://kknews.cc/zh-tw/history/gyqrqrl.html，造訪日期：2021/9/13。

(113) 顏海英演講，「尼羅河畔的頌歌 木乃伊歸來 – 古埃及文明的現代迴響」線上講座內容。

(114) 詳前顏海英演講內容。

(115) https://kknews.cc/zh-tw/world/2y8pxvg.html，造訪日期：2021/9/15。

(116) 賈笑冰演講，「走進神王世界 – 埃及卡爾納克北部孟圖神廟發掘記」線上講座內容。

(117) https://www.sohu.com/a/428377278_162758，造訪日期：2021/9/15。

(118) 詳前賈笑冰演講內容。

(119) http://big5.www.gov.cn/gate/big5/www.gov.cn/xinwen/2019-01/04/content_5354677.htm，造訪日期：2021/9/15。

(120) https://share.nctvcloud.com/folder257/folder649/2020-08-31/MKJrfAeCqbfzlmmD.html，造訪日期：2021/9/16。

(121) https://ppfocus.com/0/di99d1196.html，造訪日期：2021/9/16。

(122) 夏鼐著，埃及古珠考 (中文版)，社會科學文獻出版社，2020 年，導言。

(123) https://kknews.cc/zh-tw/culture/n2ymvnq.html，造訪日期：2021/9/16。

(124) Laura Foreman(原著)，埃及艷后的皇宮：尋找一代傳奇，協和國際，1999 年，p.164。

(125) 可另參考 Franck Goddio 相關網站：https://www.franckgoddio.org/。

(126) Sunken Cities : Egypt's Lost Worlds(圖錄)，The Trustees of the British Museum，2016，director's foreword。

(127) 詳前 Sunken Cities : Egypt's Lost Worlds(圖錄)。

(128) https://en.wikipedia.org/wiki/Dorothy_Eady，造訪日期：2021/9/6。

(129) 同前註。

(130) 劉達臨著，性愛進化史，柏室科技藝術出版，2005 年，p.36。

(131) Flavio Febbraro(原著)，性與藝術，廣西師範大學出版社，2016 年，p.40。

(132) https://www.britishmuseum.org/collection/object/Y_EA10018-2，造訪日期：2021/5/6。

(133) 詳前 Flavio Febbraro(原著)，性與藝術，p.20。

(134) Benjamin Collado Hinarejos，Sex and Erotism in Ancient Egypt，Benjamin Collado Hinarejos，2016，p.93。

(135) 詳前 Benjamin Collado Hinarejos，Sex and Erotism in Ancient Egypt，p.91。

(136) 同前註，p.94。

(137) Ruth Schumann 等，Sacred Sexuality in Ancient Egypt- The Erotic Secrets of the Forbidden Papyrus，Inner Traditions International，2001，p.150。

(138) 詳前 Benjamin Collado Hinarejos，Sex and Erotism in Ancient Egypt，p.95。

❖ 圖片致謝

https://commons.wikimedia.org/wiki/File:The_Moment_Carter_Opens_the_Tomb.JPG 圖 5
https://commons.wikimedia.org/wiki/File:Tutankhamun%27s_mask_without_beard.jpg 圖 6
https://commons.wikimedia.org/wiki/File:Th%C3%A8bes._Memnonium_(Ramesseum)._Vue_perspective_l%27int%C3%A9rieur_colori%C3%A9e_du_temple_de_l%27ouest_(NYPL_b14212718-1267967).jpg 圖 22
https://www.metmuseum.org/art/collection/search/548355?searchField=All&sortBy=Relevance&deptids=10&ft=egypt&offset=240&rpp=20&pos=254 圖 26
https://commons.wikimedia.org/wiki/File:Battle_scene_from_the_Great_Kadesh_reliefs_of_Ramses_II_on_the_Walls_of_the_Ramesseum.jpg 圖 30
https://www.clevelandart.org/art/2012.252 圖 34
https://www.clevelandart.org/art/2012.256 圖 36
https://commons.wikimedia.org/wiki/File:Mummy_of_Ramesses_II_-_02.JPG 圖 37
https://en.wikipedia.org/wiki/File:Kleopatra-VII.-Altes-Museum-Berlin1.jpg 圖 38
https://www.metmuseum.org/art/collection/search/549216?searchField=All&sortBy=Relevance&deptids=10&showOnly=openAccess&ft=egypt&offset=11760&rpp=80&pos=11839 圖 39
https://www.metmuseum.org/art/collection/search/590857?searchField=All&sortBy=Relevance&deptids=10&showOnly=openAccess&ft=egypt&offset=11120&rpp=80&pos=11187 圖 41
https://www.metmuseum.org/art/collection/search/543937?searchField=All&sortBy=Relevance&deptids=10&ft=egypt&offset=220&rpp=20&pos=227 圖 42
https://commons.wikimedia.org/wiki/File:Taylor_and_Burton_Cleopatra.jpg 圖 44
https://commons.wikimedia.org/wiki/File:Hieroglif_z_Abydos.jpg 圖 45
https://commons.wikimedia.org/wiki/File:Belzoni_memnon_halage_1816.jpg 圖 50
www.clevelandart.org/art/1914.724 圖 53
https://commons.wikimedia.org/wiki/File:Tuth-grab1.jpg 圖 54
https://commons.wikimedia.org/wiki/File:Book_of_caverns_(KV9)_fifth_division.jpg 圖 57
https://commons.wikimedia.org/wiki/File:Hieroglyph_Text_from_Teti_I_pyramid.jpg 圖 59
https://www.metmuseum.org/art/collection/search/544326?searchField=All&sortBy=Relevance&deptids=10&ft=egypt&offset=100&rpp=20&pos=102 圖 60
https://www.clevelandart.org/art/1921.1032 圖 62
https://www.clevelandart.org/art/1914.725 圖 65
https://www.clevelandart.org/art/1914.732 圖 66
https://commons.wikimedia.org/wiki/File:Book_of_earth_part_a(kv9).jpg 圖 69
https://www.metmuseum.org/art/collection/search/548578?searchField=All&sortBy=Relevance&deptids=10&ft=egypt&offset=220&rpp=20&pos=225 圖 74
https://commons.wikimedia.org/wiki/File:Female_topless_egyption_dancer_on_ancient_ostrakon.jpg 圖 75
https://www.metmuseum.org/art/collection/search/557727?searchField=All&sortBy=Relevance&deptids=10&showOnly=openAccess&ft=egypt&offset=2480&rpp=80&pos=2558 圖 76
https://www.metmuseum.org/art/collection/search/546194?searchField=All&sortBy=Relevance&deptids=10&ft=egypt&offset=120&rpp=20&pos=124 圖 77
https://commons.wikimedia.org/wiki/File:Ruins_of_Tanis.jpg 圖 79
https://commons.wikimedia.org/wiki/File:Temple_d%27Hathor_pano.jpg 圖 81
https://commons.wikimedia.org/wiki/File:Jean_Pascal_Sebah,_Statue_de_Ramses_-_Memphis_-_18802.jpg 圖 83
https://commons.wikimedia.org/wiki/File:LuxorTemple1.jpg 圖 85
https://commons.wikimedia.org/wiki/File:Tale_of_two_brothers.jpg 圖 87
https://commons.wikimedia.org/wiki/File:Procession_of_the_Aamu,_Tomb_of_Khnumhotep_II_(composite).jpg 圖 89
https://en.wikipedia.org/wiki/Ancient_Egyptian_literature#/media/File:Lintel_of_Amenemhat_I_and_Deities_MET_DP322051.jpg 圖 90
https://commons.wikimedia.org/wiki/File:PKahun_LV2.jpg 圖 92
https://commons.wikimedia.org/wiki/File:Geb,_Nut,_Shu.jpg 圖 94
Heqanahkt Letter II | Middle Kingdom | The Metropolitan Museum of Art (metmuseum.org) 圖 96
https://www.metmuseum.org/art/collection/search/545445?searchField=All&sortBy=Relevance&deptids=10&ft=egypt&offset=200&rpp=20&pos=202 圖 97
https://commons.wikimedia.org/wiki/File:Narmer_Palette.jpg 圖 100
https://www.metmuseum.org/art/collection/search/547287?searchField=All&sortBy=Relevance&deptids=10&showOnly=openAccess&ft=egypt&offset=560&rpp=80&pos=604 圖 105
https://commons.wikimedia.org/wiki/File:Pharaohs_Golden_Parade.jpg 圖 106
https://www.clevelandart.org/art/1914.882 圖 107
https://commons.wikimedia.org/wiki/File:Rosetta_Stone_BW.jpeg 圖 115
https://commons.wikimedia.org/wiki/File:Tomb_of_Nebamun.jpg 圖 116
Cat Statuette intended to contain a mummified cat | Ptolemaic Period | The Metropolitan Museum of Art (metmuseum.org) 圖 118
https://www.metmuseum.org/art/collection/search/547802?searchField=All&sortBy=Relevance&deptids=10&ft=egypt&offset=160&rpp=20&pos=164 圖 122
https://www.metmuseum.org/art/collection/search/544184?searchField=All&sortBy=Relevance&deptids=10&ft=egypt&offset=140&rpp=20&pos=149 圖 124
https://www.metmuseum.org/art/collection/search/547647?searchField=All&sortBy=Relevance&deptids=10&ft=egypt&offset=220&rpp=20&pos=221 圖 125
https://www.metmuseum.org/art/collection/search/544210?searchField=All&sortBy=Relevance&deptids=10&ft=egypt&offset=0&rpp=20&pos=1 圖 126
https://commons.wikimedia.org/wiki/File:Dendera_zodiac,_Louvre.jpg 圖 128

https://www.metmuseum.org/art/collection/search/548310?searchField=All&sortBy=Relevance&deptids=10&ft=egypt&offset=40&rpp=20&pos=56 圖 130
https://www.metmuseum.org/art/collection/search/548584?searchField=All&sortBy=Relevance&deptids=10&ft=egypt&offset=100&rpp=20&pos=110 圖 131
https://commons.wikimedia.org/wiki/File:Anubis_attending_the_mummy_of_Sennedjem.jpg 圖 132
https://www.metmuseum.org/art/collection/search/544227?searchField=All&sortBy=Relevance&deptids=10&ft=egypt&offset=100&rpp=20&pos=108 圖 133
https://commons.wikimedia.org/wiki/File:Papyrus_van_Ipoewer_-_Google_Art_Project.jpg 圖 137
https://commons.wikimedia.org/wiki/File:Spaziergang_im_Garten_Amarna_Berlin.jpg 圖 142
https://www.metmuseum.org/art/collection/search/544125?searchField=All&sortBy=Relevance&deptids=10&showOnly=openAccess&ft=egypt&offset=6800&rpp=80&pos=6867 圖 146
https://www.metmuseum.org/art/collection/search/546747?searchField=All&sortBy=Relevance&deptids=10&showOnly=openAccess&ft=egypt&offset=560&rpp=80&pos=594 圖 149
https://www.metmuseum.org/art/collection/search/553063?searchField=All&sortBy=Relevance&deptids=10&showOnly=openAccess&ft=egypt&offset=1040&rpp=80&pos=1066 圖 154
https://www.metmuseum.org/art/collection/search/547955?searchField=All&sortBy=Relevance&deptids=10&ft=egypt&offset=380&rpp=20&pos=400 圖 155
https://www.metmuseum.org/art/collection/search/552371?searchField=All&sortBy=Relevance&deptids=10&showOnly=openAccess&ft=egypt&offset=2400&rpp=80&pos=2471 圖 156
https://www.clevelandart.org/art/1952.513 圖 157
https://www.metmuseum.org/art/collection/search/570714?searchField=All&sortBy=Relevance&deptids=10&showOnly=openAccess&ft=egypt&offset=8240&rpp=80&pos=8243 圖 159
https://commons.wikimedia.org/wiki/File:Egyptian_harvest.jpg 圖 160
https://www.metmuseum.org/art/collection/search/547904?searchField=All&sortBy=Relevance&deptids=10&ft=egypt&offset=140&rpp=20&pos=144 圖 161
https://commons.wikimedia.org/wiki/File:Aswan,_Egypt_WestBankTombs_2007jan15._14_byDanielCsorfoly.JPG 圖 166
https://commons.wikimedia.org/wiki/File:Maler_der_Grabkammer_der_Bildhauer_Nebamun_und_Ipuki_005.jpg 圖 168

https://www.metmuseum.org/art/collection/search/548390?searchField=All&sortBy=Relevance&deptids=10&showOnly=openAccess&ft=egypt&offset=1360&rpp=80&pos=1370 圖 169
File:BD Weighing of the Heart.jpg - Wikimedia Commons 圖 177
https://en.wikipedia.org/wiki/First_Intermediate_Period_of_Egypt#/media/File:Stela_of_the_Gatekeeper_Maati_MET_DP352181.jpg 圖 178
https://www.metmuseum.org/art/collection/search/546000?searchField=All&sortBy=Relevance&deptids=10&showOnly=openAccess&ft=egypt&offset=1440&rpp=80&pos=1501 圖 179
https://www.metmuseum.org/art/collection/search/548518?searchField=All&sortBy=Relevance&deptids=10&ft=egypt&offset=240&rpp=20&pos=244 圖 180
https://www.metmuseum.org/art/collection/search/544126?searchField=All&sortBy=Relevance&deptids=10&ft=egypt&offset=240&rpp=20&pos=241 圖 181
https://www.metmuseum.org/art/collection/search/552777?searchField=All&sortBy=Relevance&deptids=10&showOnly=openAccess&ft=egypt&offset=480&rpp=80&pos=550 圖 182
https://www.metmuseum.org/art/collection/search/551501?searchField=All&sortBy=Relevance&deptids=10&showOnly=openAccess&ft=egypt&offset=960&rpp=80&pos=996 圖 184
https://commons.wikimedia.org/wiki/File:MentuhotepII.jpg 圖 186
https://commons.wikimedia.org/wiki/File:Mortuary_Temple_of_Hatshepsut.jpg 圖 187
https://en.wikipedia.org/wiki/Senet#/media/File:Game_Box_Inscribed_for_Taia_and_His_Family_MET_12.182.72a_EGDP012976.jpg 圖 189
https://www.clevelandart.org/art/1988.154 圖 190
https://commons.wikimedia.org/wiki/File:Papyrus_Harris_I_Pl._LXXVI.jpg 圖 192
https://www.metmuseum.org/art/collection/search/549700?searchField=All&sortBy=Relevance&deptids=10&showOnly=openAccess&ft=egypt&offset=2240&rpp=80&pos=2301 圖 193
https://commons.wikimedia.org/wiki/File:Menkaura.jpg 圖 194
https://www.metmuseum.org/art/collection/search/543867?searchField=All&sortBy=Relevance&deptids=10&ft=egypt&offset=260&rpp=20&pos=273 圖 195
https://www.metmuseum.org/art/collection/search/544828?searchField=All&sortBy=Relevance&deptids=10&showOnly=openAccess&ft=egypt&offset=800&rpp=80&pos=858 圖 196
https://www.metmuseum.org/art/collection/search/557782?searchField=All&sortBy=Relevance&deptids=10&showOnly=openAccess&ft=egypt&offset=9680&rpp=80&pos=9742 圖 197
https://www.metmuseum.org/art/collection/search/545629?searchField=All&sortBy=Relevance&deptids=10&showOnly=openAccess&ft=egypt&offset=2960&rpp=80&pos=2980 圖 198
https://www.metmuseum.org/art/collection/search/544694?searchField=All&sortBy=Relevance&deptids=10&showOnly=openAccess&ft=egypt&offset=1200&rpp=80&pos=1207 圖 200
https://www.metmuseum.org/art/collection/search/544442?searchField=All&sortBy=Relevance&deptids=10&ft=egypt&offset=180&rpp=20&pos=188 圖 201
https://en.wikipedia.org/wiki/File:SakkaraPyramidsEgypt_2007feb1-16_byDanielCsorfoly.JPG 圖 202
https://commons.wikimedia.org/wiki/File:Amenhotep_I.jpg 圖 203
https://www.clevelandart.org/art/1932.32 圖 205

https://www.metmuseum.org/art/collection/search/574168?searchField=All&sortBy=Relevance&deptids=10&showOnly=openAccess&ft=egypt&offset=880&rpp=80&pos=956 圖 206
https://www.metmuseum.org/art/collection/search/548207?searchField=All&sortBy=Relevance&deptids=10&showOnly=openAccess&ft=egypt&offset=8000&rpp=80&pos=8026 圖 207
https://commons.wikimedia.org/wiki/File:Neues_Museum_Aegyptischer_Hof.jpg 圖 208
https://commons.wikimedia.org/wiki/File:Rhind_Mathematical_Papyrus.jpg 圖 209
https://commons.wikimedia.org/wiki/File:Nun_Raises_the_Sun.jpg 圖 210
Tomb Relief of the Chief Physician Amenhotep and Family | Cleveland Museum of Art (clevelandart.org) 圖 211
https://www.metmuseum.org/art/collection/search/590939?searchField=All&sortBy=Relevance&deptids=10&ft=egypt&offset=100&rpp=20&pos=111 圖 212
https://www.metmuseum.org/art/collection/search/544708?searchField=All&sortBy=Relevance&deptids=10&showOnly=openAccess&ft=egypt&offset=6400&rpp=80&pos=6473 圖 213
https://www.clevelandart.org/art/1996.28 圖 214
https://www.metmuseum.org/art/collection/search/550807?searchField=All&sortBy=Relevance&deptids=10&showOnly=openAccess&ft=egypt&offset=6480&rpp=80&pos=6501 圖 215
https://www.clevelandart.org/art/1914.733 圖 216
Stele of Userhat | Cleveland Museum of Art (clevelandart.org) 圖 217
https://www.clevelandart.org/art/1961.205 圖 219
https://www.clevelandart.org/art/2012.263 圖 220
https://commons.wikimedia.org/wiki/File:Karnakpanorama.jpg 圖 221
https://www.clevelandart.org/art/1914.714 圖 222
https://commons.wikimedia.org/wiki/File:Dendera.jpg 圖 223
https://commons.wikimedia.org/wiki/File:Amarna_Akkadian_letter.png 圖 224
https://www.metmuseum.org/art/collection/search/554680?searchField=All&sortBy=Relevance&deptids=10&showOnly=openAccess&ft=egypt&offset=800&rpp=80&pos=804 圖 226
https://commons.wikimedia.org/wiki/File:Giseh_Traumstele_(Lepsius)_01.jpg 圖 228
https://commons.wikimedia.org/wiki/File:Thutmose_III_at_Karnak.jpg 圖 229
https://commons.wikimedia.org/wiki/File:Duan_Fang.jpg 圖 231
https://commons.wikimedia.org/wiki/File:Hierakonpolis_objects_at_time_of_discovery.jpg 圖 232
https://www.clevelandart.org/art/1986.193 圖 233
https://commons.wikimedia.org/wiki/File:Khephren_007.jpg 圖 234
https://commons.wikimedia.org/wiki/File:Medmoud_vue_g%C3%A9n%C3%A9rale.JPG 圖 235
https://commons.wikimedia.org/wiki/File:Xia_Nai_in_Anyang.jpg 圖 236
https://commons.wikimedia.org/wiki/File:Sunrise_at_Creation.jpg 圖 239
https://commons.wikimedia.org/wiki/File:Th%C3%A8bes._Hypog%C3%A9es._Manuscrit_sur_papyrus_en_caract%C3%A8res_hi%C3%A9roglyphiques._Premi%C3%A8re_partie_(NYPL_b14212718-1268002).jpg 圖 241
https://commons.wikimedia.org/wiki/File:Titanic_wreck_bow.jpg?uselang=zh-tw 圖 242
https://www.metmuseum.org/art/collection/search/548576?searchField=All&sortBy=Relevance&deptids=10&showOnly=openAccess&ft=egypt&offset=9120&rpp=80&pos=9121 圖 243
https://commons.wikimedia.org/wiki/File:Leon_Cogniet_-_Jean-Francois_Champollion.jpg 圖 244
https://www.metmuseum.org/art/collection/search/635228?searchField=All&sortBy=Relevance&deptids=10&showOnly=openAccess&ft=egypt&offset=11760&rpp=80&pos=11824 圖 245
https://www.metmuseum.org/art/collection/search/698626?searchField=All&sortBy=Relevance&deptids=10&showOnly=openAccess&ft=egypt&offset=2320&rpp=80&pos=2335 圖 246
https://commons.wikimedia.org/wiki/File:Philae_temple.jpg 圖 247
https://www.metmuseum.org/art/collection/search/547676?searchField=All&sortBy=Relevance&deptids=10&ft=egypt&offset=260&rpp=20&pos=278 圖 248
https://commons.wikimedia.org/wiki/File:Egyptian_homosexual_ostraca.jpg 圖 249
https://commons.wikimedia.org/wiki/File:Turin_Erotic_Papyrus_Scene,_white.jpg 圖 250
https://www.clevelandart.org/art/1920.1993 圖 253
https://commons.wikimedia.org/wiki/File:S10.08_Sakkara,_image_9638.jpg 圖 254
https://commons.wikimedia.org/wiki/File:Opening_of_the_Mouth_-_Tutankhamun_and_Aja.jpg 圖 255
https://www.metmuseum.org/art/collection/search/548576?searchField=All&sortBy=Relevance&deptids=10&showOnly=openAccess&ft=egypt&offset=9120&rpp=80&pos=9121 圖 256
https://commons.wikimedia.org/wiki/File:Great_Karnak_inscription_(first_part)_-plate_52_from_Mariette_Bey.jpg 圖 257

* 本書之聖書體文字均參考網站 https://en.wikipedia.org/wiki/Gardiner%27s_sign_list，資料無更改

** 本書之法老王名圈均參考網站 https://pharaoh.se/，資料無更改一併致謝

Walker 04

埃及物語

古埃及莎草紙畫其實很有戲

國家圖書館出版品預行編目 (CIP) 資料

埃及物語 – 古埃及莎草紙畫其實很有戲 / 蘭明忠著 . -- 一版 . -- 新北市：優品文化事業有限公司 , 2022.09

320 面 ; 17x23 公分 . -- (Walker ; 4)

ISBN 978-986-5481-28-5(平裝)

1.CST: 古埃及 2.CST: 文明史 3.CST: 埃及文化

761.3 111010031

作者 蘭明忠
總編輯 薛永年
美術總監 馬慧琪
文字編輯 蔡欣容
出版者 優品文化事業有限公司
電話 (02)8521-2523
傳真 (02)8521-6206
Email 8521service@gmail.com
（如有任何疑問請聯絡此信箱洽詢）
印刷 鴻嘉彩藝印刷股份有限公司
業務副總 林啟瑞 0988-558-575
總經銷 大和書報圖書股份有限公司
地址 新北市新莊區五工五路 2 號
電話 (02)8990-2588
傳真 (02)2299-7900
網路書店 www.books.com.tw 博客來網路書店
出版日期 2022 年 9 月
版次 一版一刷
定價 380 元

上優好書網

LINE
官方帳號

Facebook
粉絲專頁

YouTube
頻道